ROSTOCK

Abendstimmung im Strandrestaurant „blaue boje" Markgrafenheide

ROSTOCK
DIE 99 BESONDEREN SEITEN DER STADT

entdeckt von Dolores Kummer

mitteldeutscher verlag

Inhaltsverzeichnis

Das große Besondere
[1] Die Marienkirche 9 [2] Kloster zum Heiligen Kreuz und Kunsthistorisches Museum 13 [3] Die Hanse Sail 17 [4] Das Ostseebad Warnemünde 21 [5] Strand und Strandkorb 25

Das Besondere
[6] Die Petrikirche 29 [7] Hochschule für Musik und Theater 31 [8] Das Steintor 33 [9] Die Lange Straße 35 [10] Die Kröpeliner Straße 37 [11] Die Universität Rostock 39 [12] Der Universitätsplatz 41 [13] Kempowski-Archiv-Rostock 43 [14] Wallanlagen 45 [15] Geschichtswerkstatt im Kröpeliner Tor 47 [16] Forschungsstelle Uwe Johnson 49 [17] Kunst im öffentlichen Raum 51 [18] Stasigedenkstätte 53 [19] Die Kröpeliner-Tor-Vorstadt (KTV) 55 [20] Volkstheater Rostock 57 [21] Werftdreieck und Hafencity 59 [22] Der Überseehafen 61 [23] Fährterminal – Port Rostock 63 [24] Rostocker Zoo 65 [25] Reutershagen und Kunsthalle 67 [26] Marienehe und Fischmarkt 69 [27] Rostocker Schiffbau- und Schifffahrtsmuseum 71 [28] Der Alte Strom 73 [29] Warnemünder Woche 75 [30] Der Ümgang 77 [31] Der Leuchtturm Warnemünde 79 [32] Hotel Neptun 81 [33] Kurhaus Warnemünde 83 [34] Fischmarkt Warnemünde 85 [35] Restaurant Seekiste zur Krim 87 [36] Eine Hafenrundfahrt 89 [37] Warnemünde Cruise Center 91 [38] Ostseebad Hohe Düne 93 [39] Karls und Pier7 95 [40] Die Warnowwerft 97 [41] Die Neptunwerft 99 [42] Die Rostocker Heide 101 [43] Gespensterwald in Nienhagen 103

Das kleine Besondere
[44] Das Rathaus 104 [45] Der Neue Markt 105 [46] Giebelhäuser 106 [47] Die Östliche Altstadt 107 [48] Der Greif 108 [49] Die Nikolaikirche 109 [50] Restaurant Albert & Emile 110 [51] Das Bernsteinhaus Rostock 111 [52] Café A Rebours 112 [53] Der Lagebuschturm 113 [54] Das Kuhtor 114 [55] Medien in Rostock 115 [56] Das Ständehaus 116 [57] Die Trin-

kende **117**   **58** Der Rosengarten **118**   **59** Die Michaeliskirche **119**   **60** Das Klostercafé **120**   **61** Santa Barbara
Anna **121**   **62** Der Stadthafen **122**   **63** Kubb spielen **123**
64 Schokoladerie de Prie **124**   **65** Goldschmiedin Anette
Klook **125**   **66** Rostocks älteste maritime Gaststäte –
Zur Kogge **126**   **67** Blick auf die Skyline von Rostock **127**
68 Hanseatische Brauerei **128**   **69** F.C. Hansa Rostock und das
Ostseestadion **129**   **70** Eiswerkstatt am Hopfenmarkt **130**
71 IGA-Park **131**   **72** Warnemünder Vogtei **132**   **73** Die erste
Reihe **133**   **74** Das Heimatmuseum **134**   **75** Gemeinnütziger
Verein Warnemünde **135**   **76** Trachtengruppe **136**   **77** War-
nemünder Kirche **137**   **78** Die Westmole **138**   **79** Der
Teepott **139**   **80** Sport am Strand **140**   **81** Segelrevier
Warnemünde **141**   **82** Segelmacherei Harald Parey **142**
83 Kite- und Windsurfen in Warnemünde **143**   **84** Drachenbootren-
nen **144**   **85** Wohnen in Warnemünde **145**   **86** Fischbrötchen
vom Kutter **146**   **87** Möwen **147**   **88** Leibniz-Institut für
Ostseeforschung Warnemünde **148**   **89** Stephan-Jantzen-Park **149**
90 Joggen in Warnemunde **150**   **91** FKK-Strände **151**   **92** Edvard-Munch-Haus **152**   **93** Matrosenlieder **153**   **94** Waschzuberrennen **154**   **95** Robbenforschung im Marine Science Center **155**   **96** Kletterwald Hohe Düne **156**   **97** Strandrestaurant
„blaue boje" **157**   **98** Doberaner Münster und Torhaus **158**
99 Heiligendamm **159**

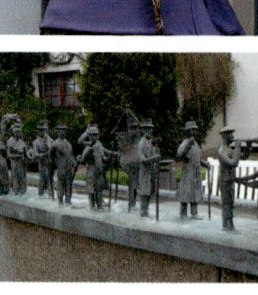

Rostock ist …

… eine Stadt am Meer mit Hafen, feinem Sandstrand und vielen Booten. Rostock hat eine tolle Altstadt und mächtige Kirchen. Rostock ist jetzt erst „Das Tor zur Welt", weil jeder dahin reisen kann, wo er mag, weil Gäste aus aller Welt kommen und man zusammen feiern kann. In Rostock kennt man sich aus mit dem Schiffbau, mit Handel und mit Handball. Das Bier ist auch nicht schlecht. Rostock ist keine Hauptstadt, aber doch die größte Stadt im Bundesland. Sie wächst sogar noch, weil junge Leuten sich hier wohlfühlen. Rostock hat interessante Museen und eine schöne Klosteranlage. Die Rostocker mögen nicht viele Worte, sie gehören eher zur zupackenden Art und fahren gern schnell mit dem Auto. Rostock hat eine Uni mit langer Tradition und eine Hochschule für Musik und Theater. Rostock wurde im Zweiten Weltkrieg stark zerstört und ist heute schöner denn je. Rostock kann laut sein wie „Feine Sahne Fischfilet" oder leise wie der Mond auf dem Hütelmoor. Rostock hat blaue Kräne, Eisbären und viele Graffiti. Hier verstehen sie, wie man Fisch zubereitet und auch wie man ihn fängt. Rostock ist eine Stadt mit drei Seebädern und einem Kreuzfahrtterminal. Die Stadt hat noch jede Menge Platz für Ideen. Die meisten hier können segeln, fast jeder hat ein Boot. Rostock ist kein Freizeitpark, aber Tourismus ist der stärkste Wirtschaftszweig. Er lebt von einer intakten Natur, auch vom freien Blick auf das Meer. Rostock liebt seine bildenden Künstler und könnte noch mehr fürs Theater tun. Rostock ist eine gute Stadt zum Leben mit vielen Möglichkeiten.

Die Marienkirche ist ein Meisterwerk der Backsteingotik

Monumentalbau der Backsteingotik

Die Marienkirche ist die bedeutendste Kirche von Rostock, ein monumentales Meisterwerk der Backsteingotik, das alle Gebäude ringsum überragt. Obwohl viele Touristen die Kirche besuchen, ist sie auch ein Ort des Gebetes. St. Marien gehört zur evangelisch-lutherischen Innenstadtgemeinde. Fast 200 Jahre baute man an dem imposanten Gebäude. Als Pfarrkirche erstmals erwähnt wurde sie 1232. Wahrscheinlich war es zuerst eine frühgotische Holzkirche. Bald wollte man aber einen repräsentativeren Ort haben, der den Reichtum und die Macht der Stadt verkörpern sollte. Doch das gestaltete sich schwierig. Die dreischiffige große Basilika wurde 1290 begonnen und mehrmals um- und ausgebaut. Erst Mitte des 15. Jahrhunderts war die Kirche fertig. Das Quer- und das Langschiff sind gleich hoch und gleich lang. Der Kirchturm hat eine Höhe von 86,32 Metern.

Rostocker Marienkirche
Am Ziegenmarkt
18055 Rostock
Tel.: 0381 453325
(Küster Dirk Meiburg)
www.marienkirche-rostock.de

Besonders sehenswert ist die prächtige Innenausstattung. Einst soll es in der Kirche vierzig Altäre gegeben haben, aber zur Zeit der Reformation wurden viele Kirchenschätze vernichtet und geplündert. Aus dem Mittelalter erhalten geblieben ist ein bronzener Taufkessel, auch Fünte genannt. Das Datum der ersten Taufe ist auf dem Deckel eingraviert: Ostern 1290. Sehr beeindruckend sind die mächtige Orgel und die Fürstenempore im Westschiff der Kirche. Letztere wurde 1750 unter Herzog Christian Ludwig II. gebaut. Der mecklenburgische Fürst war ein bedeutender Förderer des geistlichen und kulturellen Lebens. Darunter befinden sich das Professoren- und Ratsgestühl. St. Marien

> **Fast 200 Jahre baute man an dem imposanten Gebäude.**

■ Während des Krieges ausgelagerter Hochaltar der Nikolaikirche

war von 1419 bis 1899 Universitätskirche und bis 1945 auch Ratskirche. Die Orgel darüber baute 1770 der Orgelbaumeister Paul Schmidt. Dem Haupteingang gegenüber, an der Nordseite, steht der Nikolaialtar aus dem 15. Jahrhundert. Er wurde im Krieg ausgelagert. Rechts daneben an der Wand hängt ein dunkles Gemälde von Egon Tschirch aus dem Jahre 1947: „Die zerstörte Stadt". Man sieht, dass in der Rostocker Altstadt kein Haus heil blieb, nur die Marienkirche thront über allem, als wache sie. Als einzige der vier großen Kirchen konnte sie im Zweiten Weltkrieg gerettet werden. Zu verdanken ist das dem Kirchendiener Friedrich Bombowski und seiner Tochter Ursula, die an jedem Kirchenschiff reichlich Wasser und Sand bereithielten und unter Lebensgefahr löschten. Am 26. April und am 2. Oktober 1942 sowie am 27. Februar 1944 wurde die Kirche durch Brandbomben getroffen und fing Feuer. Jedes Mal war es ein Kampf um Leben und Tod. Ursula starb später an den Folgen einer Rauchvergiftung. Den größten Schatz, die astronomische Uhr aus dem Jahre 1472, hatte man 1943 eingemauert. Sie überstand alles unbeschadet. Die Uhr ist die älteste noch funktionierende astronomische Uhr der Welt. Insgesamt ist sie elf Meter hoch und überaus reich verziert. In der oberen Hälfte befindet sich die Hauptuhr mit dem Stundenring, dem Tierkreisring und dem Figurenring mit Monatsbildern. Täglich um 12 und 24 Uhr bewegen sich die Figuren. Unten ist die große Kalenderscheibe mit 15 Kreisringen, sie endet im Jahre 2017. Eine neue Scheibe für die Jahre 2018 bis 2150 liegt schon bereit.

Die Kalenderscheiben der Astronomischen Uhr

■ Universitätskirche und Klosterhof

Die Kunstschätze der Stadt

Das Kloster zum Heiligen Kreuz liegt hinter dem Hauptgebäude der Universität. Es wurde 1270 von Königin Margarethe von Dänemark gestiftet und ist das einzige noch vollständig erhaltene Kloster in Rostock. Zum Ensemble gehören heute die Universitätskirche, das Kulturhistorische Museum sowie die kleinen Professorenhäuser im Klosterhof, mit dem Kempowski-Archiv oder dem Klostercafé. Der Legende nach soll sich die Königin auf der Rückreise von einer Pilgerfahrt nach Rom befunden haben, als sie bei Hundsburg, heute Schmarl, in Seenot geriet. Fischer retteten sie. Aus Dankbarkeit stiftete die Königin das Zisterzienserkloster. Den Namen fand sie durch eine Reliquie, die ihr der Papst geschenkt haben soll: ein Splitter vom Kreuz Christi. Dieser Splitter soll sich noch heute in einem Bergkristall in der Brust des Gekreuzigten in der Triumphkreuzgruppe über dem Chorraum befinden. Die Heilig-Kreuz-Kirche ist in ihrer heutigen Form in der ersten Hälfte des 14. Jahrhunderts als eine dreischiffige Hallenkirche erbaut. Seit 1899 ist sie Universitätskirche, auch zu DDR-Zeiten wurde sie so genutzt. Der turmlose Hauptaltar aus dem 15. Jahrhundert stammt aus einer Rostocker Werkstatt. Sehenswert sind auch die zahlreichen Grabplatten aus dem 14. bis 16. Jahrhundert. Die Geschichte der Königin erzählt auch ein riesiges Gemälde, ein Stiftungsbild, das heute im Ostflügel des Kunsthistorischen Museums hängt. Zur Reformation wurde das Kloster geplündert und kurz danach aufgelöst, bis 1920 war es ein Damenstift. Das letzte Stiftsfräulein lebte noch bis 1981 auf dem Gelände. Bereits im Jahre 1859 gründete

Kulturhistorisches Museum Rostock
Klosterhof 7
18055 Rostock
Tel.: 0381 203590
www.kulturhistorisches-museum-rostock.de

Aus Dankbarkeit stiftete die Königin das Zisterzienserkloster.

■ Kloster zum Heiligen Kreuz

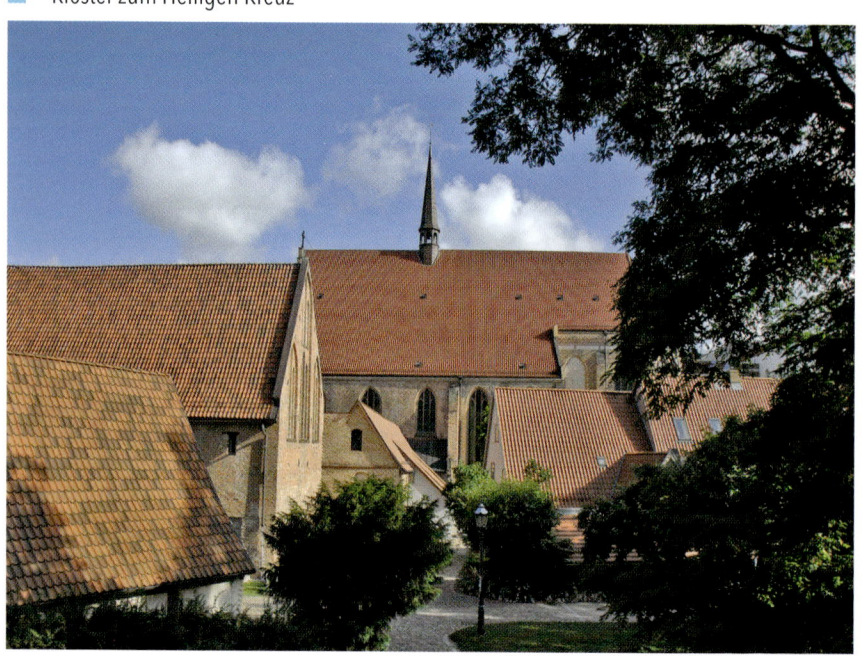

sich ein Rostocker Museum, aber erst seit 2011 werden die inzwischen umfangreichen kultur- und kunstgeschichtlichen Sammlungen repräsentativ im sanierten Kloster gezeigt. Das Kunsthistorische Museum ist die bedeutendste Sammlung in Mecklenburg-Vorpommern mit Malerei, Grafik, Kunsthandwerk sowie Münzen und Militaria, aber auch Archäologie und Alltagskultur. Der Eintritt ist frei. Besonders zu erwähnen ist der Nachlass des NS-Kunsthändlers B. A. Böhmer aus Güstrow. Als er sich 1945 das Leben nahm, konnten die Reste seiner beträchtlichen Sammlung aus der Aktion „Entartete Kunst" sichergestellt werden. Im Gegensatz zur Sammlung Gurlitt in Bern sind in Rostock die Besitz- und Eigentumsverhältnisse geklärt, die Kunstwerke gehören der Stadt Rostock. 613 Werke der verfemten Kunst werden derzeit gezeigt, darunter der Messingkopf von Rudolf Belling, Werke von Barlach, Schlemmer und Heckel.

Zahlreiche Grafiken lagern noch im Archiv, das Museum soll erweitert werden. Außerdem im Besitz des Museums, aber selten zu sehen, weil immer auf Reisen, ist die Lederjacke von Udo Lindenberg. 1987 verschenkte er sie an Erich Honecker, der ließ sie auf einem Solidaritätsbasar zugunsten der Dritten Welt versteigern. Den Zuschlag bekam der VEB Jugendmode „Shanty" in Rostock-Evershagen, der dafür 7.500 Ostmark hinblätterte. Wir wissen nicht, ob davon Waffen für Angola gekauft wurden oder Tütensuppen für Mozambique, aber wo die Lederjacke jetzt gerade hängt, sehen wir auf der Homepage des Museums.

Professorenhäuser im Klosterhof

Die „Lisa" aus Lübeck im Rostocker Stadthafen

Parade der Traditionssegler

Die wichtigste Veranstaltung in Rostock ist die Hanse Sail. Sie findet seit 1991 alljährlich am zweiten Augustwochenende statt und zieht rund eine Million Besucher an. Es ist weltweit eines der bedeutendsten Treffen von Traditionsseglern und Museumsschiffen, mehr als 250 Schiffe nehmen teil. Bereits am Mittwoch starten traditionell die Haikutter zu einer Regatta vom dänischen Nysted nach Warnemünde. Vier Tage dauert das große maritime Volksfest. Zentrum ist der Stadthafen, wo die meisten Traditionssegler vor Anker liegen. Bauch an Bauch reihen sich die gigantischen Segler aneinander, sodass ein Wald aus Holzmasten entsteht. Am Stadthafen schlängelt sich eine Flaniermeile mit Marktbuden, Karussells und Bühnen entlang. Ein Höhepunkt ist sicher für viele das Mitsegeln auf einem der großen Windjammer. Doch hier sollte man rechtzeitig buchen, die rund 30.000 Karten sind schnell ausverkauft. Aber bei den „Open Ships" bekommt jeder einmal Gelegenheit, einen Riesensegler von innen zu bestaunen. Begrüßt werden sie schon in Warnemünde mit lautem Kanonendonner, denn die Hanse Sail ist gleichzeitig auch ein Kanonier- und Böllertreffen. Wer von den Schützenschwestern und -brüdern seinen Pulverschein und die Böllerberechtigung erworben hat, darf an der Ostmole und am Gehlsdorfer Ufer die traditionellen Begrüßungskanonen knallen lassen. Begleitet werden die großen Windjammer auch von allerlei kleinen Kuttern, Yachten und Schleppern. Natürlich darf auch das Hupkonzert der riesigen Kreuzfahrtschiffe dabei nicht fehlen. Schöne Plätze für das Schauspiel sind entlang der West-

Hanse Sail Rostock
Warnowufer 65
18055 Rostock
Tel.: 0381 3812950
www.hansesail.com

Vier Tage dauert das große maritime Volksfest.

■ Schöne Aussicht auf der Westmole von Warnemünde

mole, aber auch auf der Hohen Düne. Dort ist ein Biergarten aufgebaut und es gibt sogar eine Moderation zu jedem Schiff. Schöne Plätze sind auch am Strand des IGA-Parks oder in der neuen Hafencity. Wer das Getümmel mag, der ist natürlich am Stadthafen genau richtig, zumal auf den Bühnen ein reichhaltiges Programm geboten wird. Am Samstag findet traditionell auf der Ostsee die Regatta der Traditionssegler statt. Immer sind Boote der Superlative dabei, wie zum Beispiel die „Sedov", der größte Traditionssegler der Welt. Das Schiff wurde 1921 auf der Kieler Germaniawerft gebaut und ist 117,5 Meter lang, Heimathafen ist heute im eisigen Murmansk in Russland. Wenn es dort zu kalt wird, überwintert die „Sedov" auch öfter mal in Warnemünde. Beliebte Gäste sind auch die 1926 in Bremerhaven gebaute „Kruzenshtern", die einst als „Padua" berühmt wurde durch den Film „Große Freiheit Nr. 7" mit dem unvergessenen

Hans Albers. Großes Willkommen gibt es auch für die „Royal Clipper", mit 5.050 Quadratmetern der größte Neubau eines Segelschiffs weltweit. Aber willkommen sind natürlich auch alle anderen Schiffe! Zur Sail öffnet sogar der Marinestützpunkt auf der Hohen Düne. Hier kann man endlich alle Fragen stellen zu den Booten, die man sonst nur vorbeifahren sieht, ja mehr noch, die Korvetten und Schnellboote sind auch zu besichtigen. Bei einer Barkassenfahrt sieht man den Stützpunkt von der Seeseite. Am Samstagabend ist dann der große Höhepunkt der Sail: das große Feuerwerk im Stadthafen und in Warnemünde.

Großer Andrang beim „Open Ship"

Die „AIDAdiva" läuft in Warnemünde ein

Ostseebad ohne Allüren

4

Obwohl Warnemünde nie ein feines Seebad sein wollte, wurde es doch eins der beliebtesten. Im Sommer platzt hier alles aus den Nähten: Promenade und Strand, Leuchtturm und Mole, vor allem der Alte Strom mit seiner Bummelmeile. Veranstaltungen wie das Stromerwachen, die Hanse Sail oder die „Warnemünder Woche" locken Tausende Touristen an. Doch das bringt die Warnemünder nicht aus der Ruhe. Der Menschenschlag ist stoisch, humorvoll und bescheiden. Man mag hier Touristen, es sei denn, sie schnappen einem die Parkplätze weg.

Erwähnung fand das kleine Fischerdorf bereits 1195. Da stand schon die erste Häuserreihe, das Vörreeg, zuerst südwestlich der heutigen Drehbrücke. Da die Rostocker Patrizier, Ratsherren und Kaufleute ständig untereinander, mit den Fürsten, ja mit dem dänischen und sogar dem Schwedenkönig stritten, war die Warnowmündung 400 Jahre hart umkämpft. 1323 hatten die Rostocker Kaufleute schon das gesamte Land links und rechts der Warnow und auch das kleine Fischerdorf gekauft. Sie setzten einen Vogt ein, der dafür sorgte, dass die Warnemünder selbst vor Ort keinen Handel treiben durften. Die wehrten sich mit Bürgervertretern und einem Marsch durch die Stadt, dem „Ümgang". Von 1631 bis 1648 regierten die Schweden Warnemünde. Reich wurden die Fischer, Lotsen und Seeleute da nicht. Mitte des 18. Jahrhunderts wurde es weniger kriegerisch. 1812 kam dann endlich der erste offizielle Badegast, damals noch mit der Kutsche über Diedrichshagen. Zehn Jahre später gab es schon ein Badehaus. Die Lloydbahn fuhr erstmals 1886 nach Neustrelitz und

Tourist-Information Warnemünde
Am Strom 59 (Ecke Kirchenstraße)
18119 Rostock-Warnemünde
Tel.: 0381 3812222
www.warne
muende.de

Der Menschenschlag ist stoisch, humorvoll und bescheiden.

■ Farbenfroh sind die Häuser an der Bummelmeile am Alten Strom

von dort weiter nach Berlin. 1873 startete ein Postdampfer nach Nykøbing in Dänemark. Dann begann man mit dem Bau eines Fährbahnhofs auf der heutigen Mittelmole. Östlich wurde der Seekanal ausgebaggert. Die Eisenbahnfähre Gedser–Warnemünde fuhr bis 1995. Warnemünde war auch ein bedeutender Standort des Flugzeugbaus. Ab 1913 gab es einen Land- und Wasserflugplatz auf der Hohen Düne. Hier probten die Heinkelwerke. Daneben lag die kaiserliche Marine. Es gab später sogar eine Fluglinie Berlin–Warnemünde. Gegenüber produzierten die Arado Flugzeugwerke, nach 1945 wurde auf dem Gelände die größte Werft der DDR gebaut, die Warnowwerft. Warnemünde wurde zum populärsten Urlaubsziel mit bis zu zwei Millionen Tagestouristen. Doch die Versorgung sah oft kritisch aus, mal gab es kein Bier, dann wieder keine Brause. Mit der Wende wurde das anders. Die Zahl der Restaurants hat sich vervierfacht. Neue Hotels, Pensionen und Ferienwohnungen entstanden, viele Cafés und Imbisse. Auch wenn es erst mal weniger Arbeitsplätze in den Industriebetrieben gab, kann man heute von einem Aufschwung sprechen. Warnemünde wurde ein bedeutender Industriestandort, ist Zulieferer der Luft- und Raumfahrt. Ein neues Technologiezentrum entstand mit modernsten Ausbildungsplätzen, ebenso der größte Kreuzfahrtterminal Deutschlands, zwei neue Werften und ein Simulationszentrum an der Ingenieurhochschule für Schiffbau. Der Tourismus ist jedoch weiterhin der wichtigste Wirtschaftszweig, ohne Offshore-Park vor der Küste hat man da auch weiterhin gute Chancen.

Die Alexandrinenstraße

Stand Up Paddling – Wassersport-Center StrandResort Markgrafenheide

Baden gehen – was sonst!

5

Kommt man im Sommer am Bahnhof Warnemünde an, muss man nicht lange suchen. Die Menschen strömen am Alten Strom entlang zum Meer. Insgesamt 15 Kilometer lang erstreckt sich der Badestrand von Wilhelmshöhe bis hinter Markgrafenheide. Zu neunzig Prozent ist es ein feinsandiger Strand, der über vierzig Meter flach ins Meer geht, ideal also für Kleinkinder. An manchen Stellen, wie am Leuchtturm, ist er über 150 Meter breit. FKK-Strände sind zwischen der Hohen Düne bis nach Markgrafenheide und im Bereich Wilhelmshöhe. Warnemünde ist die Badewanne der Rostocker.

Wenn es richtig heiß wird, rückt man recht unkompliziert zusammen. Zwischen Hotel Neptun und Leuchtturm ist dann kein Plätzchen mehr frei. Bereits im Jahre 1817 kamen die ersten Badegäste nach Warnemünde. 1834 gab es bereits ein Badehaus mit sechs Badekabinen, wo Schwefel-, Regen- und Sturzbäder verabreicht wurden, weiterhin ein Damen- und ein Herrenbad, streng nach Geschlechtern getrennt. 1882 erfand der Großherzogliche Hofkorbmacher Wilhelm Bartelmann den Strandkorb in Warnemünde. Auf Wunsch einer einzelnen Dame, die an Rheuma litt, fertigte er einen halbrunden, hohen Strandstuhl, der gegen Wind schützen sollte. Dieser Stuhl sorgte für großes Aufsehen und bald konnte sich der Korbmacher vor Aufträgen nicht retten. Schon ein Jahr später fertigte er Kinderstühle und einen Doppelstrandstuhl, den er Strandkorb nannte. Am Leuchtturm 10 eröffnete er seinen ersten Strandkorbverleih. Patentieren ließ er sich das gute Stück leider nicht. Sein Sohn Max Bartelmann gründete ein

Strand Warnemünde
bewachter Textilstrand (FKK ab Höhe „Haus Undine")
www.wasserwacht-rostock.de

Mit der S-Bahn an den Strand
23 Min. vom Hauptbahnhof bis zur Endhaltestelle in Warnemünde; von dort aus 15 Min. zu Fuß über die Flaniermeile Alter Strom bis zum Strand

Strandkörbe
www.strandkorbvermietung-warnemuende.de

Baderollstuhl/ Strandkörbe
Strandoase Treichel
Tel.: 0381 4405435
www.strand-warnemuende.de

> Warnemünde ist die Badewanne der Rostocker.

■ So leer bleiben die Strandkörbe im Sommer ganz gewiss nicht

eigenes Geschäft in Kühlungsborn-West, das es bis gibt, nun in vierter Generation. Wenn die Wetterprognose heute gut ist, sollte man früh aufstehen, um einen Strandkorb zu ergattern. Der Rest der Gäste macht es sich in mitgebrachten Strandmuscheln oder einfach auf dem Badehandtuch bequem. Für gastronomische Versorgung ist gut gesorgt. Badegäste zwischen Hohe Düne und Markgrafenheide finden einen nicht ganz so vollen Strand vor, sollten aber ein Lunchpaket nicht vergessen. Bello darf im Sommer nur auf ausgewiesene Hundestrände. Wer mit dem Auto anreist, sollte bis 11 Uhr einen Parkplatz gefunden haben, sonst geht nichts mehr, auch nicht in den Parkhäusern von Warnemünde, wo eine Tageskarte zwischen 12 und 20 Euro kostet. Also lieber gleich die Bahn nehmen. Die Wasserqualität in Rostock ist gut bis sehr gut; mehrfach erhielten Warnemünde, die Hohe Düne und Markgrafenheide die „Blaue Fahne", die nicht nur für hervorragende Wasserqualität, sondern auch für Service, Sicherheit und Umweltverhalten am Strand steht. So hat man in einem Pilotprojekt auch versucht, zwei „rauchfreie Strandzonen" einzurichten, gelungen ist das bisher jedoch noch nicht, weil zwar Schilder aufgestellt wurden, die Raucher aber niemand kontrolliert. Vorbildlich jedoch funktioniert die Abfallbeseitigung. Im Bereich des Seebads Warnemünde findet man einen besonders sauberen Strand. Zu loben sind auch die barrierefreien Zugänge und die Ausleihmöglichkeit eines Baderollstuhles. Ein extra Surferstrand und die Sportarena bieten Sportfans viel Abwechslung.

Warnemünde hat einen breiten Sandstrand

- Der Turm der Petrikirche dient heute noch als Landmarke

- Vor der Petrikirche: die „Liegende" von Wolfgang Friedrich

Wahrzeichen der Rostocker Schiffer

Die Turmspitze der Petrikirche ist weithin sichtbar, Jahrhunderte diente sie Seefahrern als Orientierung. St. Petri ist die älteste Kirche Rostocks. Wahrscheinlich stand dort auf dem Berg zuerst eine Holzkirche. Der Pfarrer wurde bereits 1218, die Kirche aber erst 1252 erwähnt. Namensgeber war St. Petrus, der Patron der Schiffer, Lotsen und Fischer.

Mitte des 14. Jahrhunderts erfolgte der Neubau einer dreischiffigen, gotischen Pfeilerbasilika. Um 1500 kam dann der Turm dazu. Seit 1517 weilte der junge Reformator Joachim Slüter (1490–1532) in der Stadt und ab 1523 war er Kaplan in St. Petri. Wenn er in der niederdeutschen Sprache predigte, war die Kirche brechend voll. Sein Grab auf dem Petrikirchhof wurde in ein Denkmal umgewandelt. In den britischen Bombennächten 1942 wurde auch St. Petri stark getroffen. 1958 begann man mit dem Wiederaufbau am Südschiff.

Tausende Rostocker und Menschen aus aller Welt folgten einem Aufruf und beteiligten sich mit Spenden. Der Rostocker Künstler Lothar Mannewitz entwarf im Jahr 1962 drei bemerkenswerte farbige Glasfenster für das Mittelschiff. Der Kirchfriedhof wurde zu einem Park mit Skulpturen umgestaltet. Erst 1994 setzte man St. Petri seinen 177 Meter hohen Turm wieder auf und seit 2012 läuten wieder drei Glocken im neuen Dachstuhl, darunter die Bronzeglocke von „Peter Matze" aus dem Jahre 1548. Sie überlebte sogar die Bombenangriffe. Mit einem Fahrstuhl kann man auf die Aussichtsplattform in 45 Meter Höhe fahren. Hier hat man einen herrlichen Blick über die Stadt.

> Namensgeber war St. Petrus, der Patron der Schiffer, Lotsen und Fischer.

Petrikirche
Alter Markt
18055 Rostock
Tel.: 0381 21101
www.petrikirche-rostock.de

▪ Kreuzgang des Katharinenstifts, Hochschule für Musik und Theater

▪ Mathilde Bundschuh (li.) und Maike Reuter (re.) proben „Maria Stuart"

Begehrte Studienplätze

Maike und Mathilde proben gerade eine Fechtszene aus Schillers „Maria Stuart". Sie sind stolz, dass sie einen der begehrten Studienplätze in Rostock ergattern konnten. In ihrem Semester wurden von 750 Bewerbern nur zehn ausgewählt. Die Hochschule für Musik und Theater ist eine der beliebtesten und modernsten in Europa. Die Architekten Braun & Voigt verdienen Anerkennung für die perfekte Kombination aus Alt und Modern. Grundstock bildete das Kloster St. Katharinen, unweit des Hafens, in der Östlichen Altstadt. Bereits 1243 wies man hier den Bettelorden der Franziskaner nach. 1260 wurde die dreischiffige frühgotische Hallenkirche erstmals erwähnt. Damals noch vor den westlichen Toren der Altstadt, die sich rund um St. Petri auf dem Berg befand. Sie war von einer hölzernen Stadtbefestigung umgeben. Doch schon wenig später war das Kloster mitten drin, denn die Stadt wuchs rasant. Im Jahre 1563 enteignete die Stadt die Mönche, danach war das Kloster Waisenhaus, Irrenanstalt, Schule, Zuchthaus und Altersheim. 1994 gründete sich die Hochschule für Musik und Theater. Sieben Jahre später konnte man den Neubau im Katharinenstift beziehen. Die Hochschule hat drei Institute: für Musik, Musikwissenschaft und Musikpädagogik sowie Schauspiel. Es sind circa 550 Studenten aus 42 Nationen eingeschrieben. Integriert sind zehn eigene Ensembles, jährlich finden mehr als 300 Aufführungen in den Räumen der Hochschule statt. Im Klosterhof gibt es zahlreiche Open-Air-Veranstaltungen sowie Aufführungen im Katharinen-, Kammermusik- oder Orgelsaal.

Hochschule für Musik und Theater
Beim St.-Katharinenstift 8
18055 Rostock
Tel.: 0381 51080
www.hmt-rostock.de
www.facebook.com/hmtrostock

Die Hochschule für Musik und Theater ist eine der beliebtesten und modernsten in Europa.

- Das Steintor ist ein Wahrzeichen der Hansestadt

Ein Tor aus Stein

8

Das Steintor ist eins von vier noch erhaltenen Stadttoren, aber gleichzeitig auch ein beliebtes Wahrzeichen. Ursprünglich gab es 22 Tore. 1270 wurde das Steintor erbaut. Es war das Haupttor zur Stadtmitte. Für die mecklenburgischen Fürsten legte man dort eine Feldsteinstraße an. 1566 ließ der Schweriner Herzog Johann Albrecht I. das erste Steintor schleifen. Grund waren die „Sechziger", ein Bürgerausschuss aus Handwerkern und Bauern, die gegen die Rostocker Ratsherren rebellierten. Der Herzog griff hart durch, belagerte mit einem Söldnerheer die Stadt. Einer der „Sechziger" wurde geköpft, dann wurden Teile der Wallanlagen und das Steintor abgetragen. Unter Leitung von Antonius Wahrholt baute man 1577 das Steintor neu auf, im niederländischen Renaissancestil. Auf der Stadtseite sind drei Wappen zu sehen, die von Löwen getragen werden: der Greif (das Geheimsiegel), der Stierkopf (das große Stadtsiegel) und das hanseatische Stadtwappen, ein dreifarbiges Schild mit dem Greif im oberen Feld. Alle drei Wappen hat die Stadt einmal geführt. Darunter steht die Inschrift: „Sit intra te concordia et publica felicitas", was so viel bedeutet wie: „In deinen Mauern herrsche Eintracht und allgemeines Wohlergehen." 1942 wurde das Steintor bei einem Luftangriff der Royal Air Force stark beschädigt und 1950 baute man das Tor wieder auf. Die östliche Verbindung zur Stadtmauer, die sehr lange bestand, wird heute durch zwölf leuchtende Stelen symbolisiert. Auf dieser Seite fährt die Straßenbahn vorbei.

Steintor
Steinstraße
18055 Rostock
www.rostock.de/
sehenswuerdig
keiten.html

„In deinen Mauern herrsche Eintracht und allgemeines Wohlergehen."

Brunnenplastik „Menschen am Wasser" von Jo Jastram, 1962

Die Lange Straße war nach dem Krieg die Prachtstraße von Rostock

Prachtstraße des Sozialismus

9

Im alten Rostock führten alle Straßen zum Hafen. Die Lange Straße, eine Ost-West-Verbindung, war eher unbedeutend. Hier standen kleine Buden und einfache Bürgerhäuser, die nach Osten hin besser wurden. Doch die Bombennächte im Jahre 1942 änderten alles. Die Lange Straße wurde dem Erdboden gleichgemacht. Die junge DDR rief zum „Nationalen Aufbauwerk" auf. Die Trümmer wurden in freiwilliger, gemeinnütziger und unentgeltlicher Arbeit beräumt. Es gab einen Architektenwettbewerb, den der damals 27-jährige Joachim Näther gewann. Er entwarf später die Ostberliner Fischerinsel und den Alexanderplatz. Die Lange Straße sollte eine sozialistische Prachtstraße werden, auch für Aufmärsche. Den Baustil wünschte sich der Staatsratsvorsitzende heimatverbunden, aber modern. 1953 legte Walter Ulbricht den Grundstein für die neue Hauptstraße von Rostock. Der Bau dauerte drei Jahre. Die Straße wurde fast um das Dreifache verbreitert, in der Mitte ein breiter Grünstreifen mit Blumenbeeten angelegt.

Lange Straße
18055 Rostock

Der Baustil besteht aus Elementen der Backsteingotik mit den typischen glasierten Formsteinen, ist aber auch teilweise der Heimatschutzarchitektur

1953 legte Walter Ulbricht den Grundstein für die neue Hauptstraße von Rostock.

entlehnt mit hellen Säulen und Arkaden. Das höchste Gebäude mit spitzem Kupfertürmchen wurde zum Wahrzeichen. Später kam das noch höhere „Haus der Schifffahrt" hinzu. Als 1961 die Straßenbahn in die Lange Straße verlegt wurde, protestierte der Architekt. Lange Zeit war die Lange Straße eine farbenfrohe Flaniermeile, nach dem Mauerfall verlor sie jedoch an Bedeutung, viele Läden standen leer.

■ Straßenmusikerin auf der Kröpi

■ Rostocks Bummelmeile: die Kröpeliner Straße

Die Kröpi

Der Mittelpunkt der Rostocker Altstadt ist die Kröpeliner Straße, die „Kröpi". Sie ist rund 500 Meter lang und führt vom Kröpeliner Tor bis zum Neuen Markt. Dicht an dicht stehen hier die farbenfrohen Giebelhäuser. 250 Läden, Cafés und Boutiquen laden zum Bummeln und Verweilen ein. Rechts und links der Kröpeliner Straße gehen kleine Gassen ab, die wiederum zu idyllischen Höfen führen wie dem neu gestalteten Hopfenmarkt oder dem Heiliggeisthof. Ursprünglich war die Kröpeliner Straße halb so lang und erstreckte sich nur im westlichen Teil. Der östliche Teil war ungepflastert und hieß deshalb „Blutstraße", was sich auf das niederdeutsche Wort „Blot" (bloß) bezog. Nach 1945 wurde aus beiden Teilen eine Straße, die noch bis 1961 den Namen „Stalinstraße" trug. Im gleichen Jahr zog die Rostocker Stadtbibliothek in das Ratschow-Haus. Es ist eins der schönsten Häuser in der Kröpeliner Straße, ein Backsteinbau aus dem 15. Jahrhundert. Ungefähr in der Mitte der Kröpi liegt der Universitätsplatz, hier gabelten sich einst zwei Handelsstraßen, später standen dort die Pferdedroschken, dann richtete man eine Pferdebahn ein und später folgte die „Elektrische". Zusätzlich gab es auch noch regen Autoverkehr. Damit war dann 1961 Schluss. Die Straßenbahn wurde in die Lange Straße verlegt. Seit 1968 ist die Kröpeliner Straße eine autofreie Bummelmeile. Bemerkenswert ist auch das Fünfgiebelhaus an der nördlichen Seite des Universitätsplatzes, ein Plattenbau von 1986 mit einem großen Glockenspiel und vielen humoristischen Keramikreliefs.

Kröpeliner Straße
18055 Rostock

Seit 1968 ist die Kröpeliner Straße eine autofreie Bummelmeile.

■ Skulptur der Historia an der Fassade der Universität

■ Das Hauptgebäude der Universität Rostock

Die Leuchte des Nordens

11

Die Universität Rostock ist die älteste Universität Nordeuropas und genießt international einen ausgezeichneten Ruf. Am 12. November 1419 wurde sie mit nur drei Fakultäten gegründet, der juristischen, medizinischen und philosophischen. Erst der Papst Eugen IV. erlaubte 1432 eine theologische Fakultät. Im ersten Semester immatrikulierten sich 160 Studenten aus dem gesamten Ostseeraum. Heute sind es rund 15.000 Studierende aus 99 Ländern. Mit fast 5.000 Mitarbeitern ist die Universität einer der größten Arbeitgeber in der Region. Besonders stolz ist man auf die ehemaligen Gastdozenten wie Tycho Brahe, Albert Einstein oder Erich Kästner, aber ebenso auf Studenten wie Uwe Johnson, Rudolf Steiner, Heinrich Schliemann oder Joachim Gauck. Beliebt ist die Universität nicht nur wegen der tollen Lage am Meer. Wo gibt es schon Segeln oder Surfen als Hochschulsport? Gefragt sind auch moderate Lebenshaltungskosten und eine gute Infrastruktur. Anders als in anderen Großstädten leben Studenten hier nicht anonym. Hervorzuheben sind da die fünf altgedienten Studentenclubs, sie pflegen allerlei kuriose Bräuche. Rostock ist eine Volluniversität mit zehn Fakultäten. Die vier Säulen sind die maritime Wirtschaft, Biowissenschaften, die Gesundheitswirtschaft sowie Umwelttechnik und Umwelttechnologien. Ein Novum: die „Interdisziplinäre Fakultät", wo verschiedene Disziplinen miteinander verschmelzen. Grundlage bilden vier zukunftsrelevante Themen: „Leben – Licht – Materie", „Maritime Systeme", „Erfolgreich Altern" und „Wissen – Kultur – Transformation".

Universität Rostock
Universitätsplatz 1
18051 Rostock
Tel.: 0381 4980
www.uni-rostock.de

> Beliebt ist die Universität nicht nur wegen der tollen Lage am Meer.

■ „Brunnen der Lebensfreude" aus dem Jahre 1985 am Universitätsplatz

■ Jo Jastram und Reinhard Dietrich schufen die munteren Figuren

Platz der Lebensfreude

Am Universitätsplatz steht das Hauptgebäude der Universität, davor das Blücherdenkmal, eine Bronzefigur von Gottfried Schadow. Der berühmte Feldherr Gerhard Leberecht von Blücher, wegen seines Temperamentes auch „Marschall vorwärts" genannt, wurde 1742 in Rostock geboren und war der erste Ehrenbürger der Stadt. Eingeweiht wurde das Blücherdenkmal 1819, noch kurz vor seinem Tod. Das Grab seiner Eltern findet man in der Petrikirche. In der Mitte des Universitätsplatzes erstrahlt der „Brunnen der Lebensfreude", 1980 gestaltet von den Bildhauern Jo Jastram und Reinhard Dietrich. Wie zu dieser Zeit üblich, zeigen die 16 Figurengruppen körperliche Freizügigkeit und unbeschwerte Lebenslust. Integriert sind 24 sprudelnde Wasserfontänen, welche die Kinder magisch anziehen und so manche Eltern zur Verzweiflung bringen. Doch die meisten sitzen ganz entspannt auf einer Riesenbank und beobachten das frohe Treiben. Auf dem zentralen Platz treten im Sommer Straßenkünstler auf. Zu Ostern, Pfingsten und Weihnachten gibt es Märkte. An der Südseite befindet sich das Großherzogliche Stadtpalais. Herzog Carl Leopold von Mecklenburg-Schwerin ließ es 1714 erbauen. Von hier versuchte er, Einfluss auf die Stadt zu nehmen. 1750 wurde das Ensemble um einen prunkvollen Barocksaal ergänzt. Das Palais ist heute Sitz der Touristeninformation. Daneben stehen mit riesigen Säulen die „Neue Wache" von 1825, heute Fachbereich Biodidaktik, daneben das Gebäude des früheren Oberappellationsgerichts, heute Lehrstuhl für Zoologie mit den Zoologischen Sammlungen.

Universitätsplatz
18055 Rostock
www.rostock.de/sehenswuerdigkeiten.html

Tourist-Information Stadtzentrum
Universitätsplatz 6
Tel.: 0381 3812222
www.rostock.de

> Auf dem zentralen Platz treten im Sommer Straßenkünstler auf.

Das Kempowski-Archiv im Klosterhof erinnert an Walter Kempowski

Heimatchronist im besten Sinne

Walter Kempowski (1929–2007) ist der Leib- und Magendichter der Rostocker. Er wurde in Rostock geboren, verlebte hier seine Kindheit und einen Teil seiner Jugend. 1948 verhaftete man ihn wegen Spionage und er musste acht Jahre ins Zuchthaus Bautzen. Eine schlimme Zeit, die ihn für immer prägte. 1956 nach Westdeutschland entlassen, studierte er Pädagogik, arbeitete dreißig Jahre als Lehrer und parallel als Schriftsteller. Kempowski war ein sensibler Mensch, ein überaus fleißiger Schreiber und ein Sammler. Als Jugendlicher wollte er am liebsten Archivar werden und irgendwie hat sich dieser Wunsch auch erfüllt. Er wurde Chronist seiner Generation, der Flakhelfergeneration. Bei den westdeutschen Intellektuellen war er nicht sonderlich beliebt, weil er zugab bürgerlich-liberal zu sein, und in den 60er-Jahren war man entweder links oder erfolglos. Kempowski suchte dennoch die Aufmerksamkeit, er schrieb Bücher etliche Male um und später kam auch der Erfolg. 1969 erschien sein erstes Buch: „Im Block", worin er Bautzen verarbeitete. Dann erzählte er die Geschichte seiner Familie, einer typischen Rostocker Reederfamilie. Ihr Kontor lag neben dem Mönchentor. Die Wohnung in der Augustenstraße gehörte zur Steintorvorstadt. In seinem Buch „Tadellöser & Wolff" setzte er dieser Gegend ein Denkmal. Heute steht ein solches für ihn am Stadthafen und im Kempowski-Archiv kann man viel über ihn erfahren. Die Bibliothek aus seinem Elternhaus ist zu bestaunen oder die Gefängnistür, hinter der seine Mutter saß. Es gibt viele Originalutensilien aus seinen Büchern.

Kempowski-Archiv-Rostock – Ein bürgerliches Haus
Klosterhof Haus 3
18055 Rostock
Tel.: 0381 2037540
www.kempowski-archiv-rostock.de

1969 erschien sein erstes Buch: „Im Block", wo er Bautzen verarbeitete.

Gut erhaltene Stadtmauer mit Wehrgang am Kloster zum Heiligen Kreuz

Morgenspaziergang an den Wallanlagen

Wie sich Rostock zu wehren wusste

14

Der Wehrhaftigkeit der Rostocker ist es zu verdanken, dass wir heute romantische Spaziergänge in den alten Wallanlagen unternehmen können. Die Wallanlagen sind ein grünes Band mitten in der Stadt. Eine Stadtbefestigung existierte bereits 1218, als die erste Teilstadt, rund um die Petrikirche, nach Lübischem Recht beurkundet wurde. Mit der Zusammenlegung der drei Teilstädte baute man eine einheitliche Stadtmauer, bevorzugtes Baumaterial war der Backstein. Schon seit 5900 v. Chr. waren Ziegel aus Lehm in frühen Hochkulturen bekannt. Doch in Nordeuropa verschwanden sie mit dem Ende des Römischen Reichs. Mitte des 12. Jahrhunderts führten italienische Mönche die Ziegelbrennerei wieder ein. Die Backsteingotik erlebte im Gebiet der Hanse einen enormen Aufschwung. Die Rostocker Stadtmauer hatte zwanzig Tore, war drei Kilometer lang und bis zu 1,20 Meter dick. Die Landtore gingen nach Süden und die Strandtore zum Hafen an der Warnow. Heute sind noch vier Tore und ein Wehrturm erhalten: das Kuh- und das Steintor, das Kröpeliner und das Mönchentor sowie der Lagebuschturm. Im 14. Jahrhundert wurde die Anlage um je zwei Wälle und Gräben erweitert. Zur Stadtseite gab es hölzerne Wehrgänge und halbrunde Wieckhäuser, die man heute sehr schön auf Höhe des Klosters zum Heiligen Kreuz sehen kann. Die Wälle wurden im 19. Jahrhundert geschleift. Nach Plänen des Stadtgärtners Joachim Christoph Wilken (1794–1875) wurde das Gelände zu einer 13,8 Hektar großen Parkanlage umgestaltet mit Springbrunnen, Blumenrabatten und Alleen.

Wallanlagen
zwischen Kröpeliner Tor und Schwaanscher Straße, fast parallel zur Kröpeliner Straße
18055 Rostock
www.rostock.de/sehenswuerdigkeiten.html

Die Wallanlagen sind ein grünes Band mitten in der Stadt.

Kröpeliner Tor, davor der „Schreiende Hengst" von Jo Jastram

Geschichte im Tor

15

Das Kröpeliner Tor ist wohl das bekannteste der vier noch erhaltenen Stadttore, nicht nur, weil es höher ist als die anderen, es herrscht auch ringsum ein quirliges Leben. Hier radeln die Studenten aus der Kröpeliner-Tor-Vorstadt vorbei zur Uni. Südlich vom Tor geht es zu den malerischen Wallanlagen, nördlich daneben steht das größte Einkaufszentrum der Stadt und östlich beginnt die Fußgängerpassage, die Kröpi. Das Kröpeliner Tor ist 54 Meter hoch und war Teil der Stadtbefestigung. Es wurde Ende des 13. Jahrhunderts als zweigeschossiges Stadttor in Backsteinbauweise erbaut und später erhöht. Das Kröpeliner Tor sollte Händlern, die von weit her kamen, die Bedeutung der Stadt vermitteln. Die Namensgebung ist bis heute widersprüchlich, einerseits gab es eine bedeutende Kaufmannsfamilie namens Kröpelin, andererseits weist es westlich zur Stadt Kröpelin. Bis 1961 fuhr die Straßenbahn mitten durch das Tor. Heute finden hier Ausstellungen und Veranstaltungen statt. Ein kleiner Verein von Enthusiasten hat im Turm seit 2005 eine Geschichtswerkstatt eingerichtet. Eine interessante Dauerausstellung informiert über die Rostocker Stadtbefestigung. Der Verein veröffentlicht Schriften zur regionalen Zeitgeschichte und führt thematische Stadtführungen durch, er möchte ein Mittler sein zwischen akademischer Forschung und den Bedürfnissen interessierter Laien. Vor dem Kröpeliner Tor steht seit 2014 der „Schreiende Hengst", eine Bronzeplastik von Jo Jastram. Es ist ein Nachguss, der durch Spenden von Rostocker Bürgern ermöglicht wurde.

Geschichtswerkstatt Rostock e.V.
im Kröpeliner Tor
18055 Rostock
Tel.: 0381 1216415
www.geschichts
werkstatt-rostock.de

Das Kröpeliner Tor sollte Händlern, die von weit her kamen, die Bedeutung der Stadt vermitteln.

■ Stefanie Kohl und Stefanie Russow organisierten die Lesung „Jahrestage"

■ Forschungsstelle „Uwe Johnson"

Ein Dichter, der nicht heimisch wurde

Wahrscheinlich wäre der Dichter Uwe Johnson (1934–1984) froh, dass sein Nachlass in Rostock gelandet ist, die Arbeits- und Privatbibliothek mit rund 8.500 Bänden und sein Archiv mit 50.000 Manuskriptseiten, Notizen, Fotos. 2012 wurde eine Uwe-Johnson-Forschungsstelle an der Uni Rostock eingerichtet. Zwar bezeichneten einige ihn als „Dichter zweier deutscher Staaten", schließlich hat er lange in Westberlin gelebt, große Teile des Hauptwerkes „Jahrestage" in New York geschrieben. Jedoch geistig hat er Mecklenburg nie verlassen. Wichtige Jahre verbrachte er in Anklam, Güstrow und Rostock. Als Johnson im September 1952 nach Rostock kam, wohnte er in einer Massenunterkunft im Fährhaus in Gehlsdorf. Er begann ein Studium der Germanistik, um Schriftsteller zu werden. Doch die Realität war ernüchternd. Man quälte ihn mit Pflichtvorlesungen. Er sollte seinen „sozialistischen Standpunkt" öffentlich gegen die Junge Gemeinde kundtun. Aber obwohl er kein Kirchenmitglied war, lehnte er das ab und galt von da an als „Verräter an der Sache". Er wurde relegiert. Dass ihm nicht mehr passierte, verdankte er Stalins Tod, durch den sich kurzzeitig ein Richtungswechsel anbahnte. Der Lieblingsplatz des Studenten waren die Wallanlagen. Dort zog die „Trinkende" ihn magisch an, wie später wohl der Rotwein. Hier las er manches Buch aus der Leopold'schen Universitätsbuchhandlung, die bis 1945 Paul Babendererde führte. Der Name inspirierte Johnson zum Buch „Ingrid Babendererde", das er in Rostock begann. 2014 lasen 365 Rostocker im Radio die „Jahrestage".

Forschungsstelle Uwe Johnson
Gertrudenstraße 11, Torhaus
18057 Rostock
Tel.: 0381 4982543
www.ujfs.uni-rostock.de

Der Lieblingsplatz des Studenten waren die Wallanlagen.

■ Fünfgiebelhaus „Harlekin und Columbine" von Jo Jastram

■ Graffiti von Sebastian Volgmann

Kunst im öffentlichen Raum

17

Rostock liebt seine bildenden Künstler. Egal wohin man schaut, es gibt Denkmäler, Plastiken, Standbilder, Brunnen, Reliefs oder Mosaike. Auf Plätzen, an Häuserwänden oder Trafohäuschen prangt Kunst und manchmal auch Kitsch. In keiner deutschen Stadt gibt es so viel Kunst im öffentlichen Raum wie in Rostock. Die ältesten Stücke sind Relieffiguren aus dem 14. Jahrhundert an der Marienkirche. In den Bombennächte 1942 wurden jedoch sehr viele Kunstwerke zerstört. Wichtige Werke der Moderne sieht man von Margarete Scheel an der ehemaligen Gewerbeschule oder von Maximilian Preibisch am Hansa Theater, beide in der KTV. Sehr viel Kunst gibt es aus den Jahren 1960 bis 1990, die meisten waren Auftragswerke. Kamen Menschenbilder in den 60er-Jahren noch sehr ernst und heroisch daher, als Schweißer, Matrosen oder Hochseefischer, kann man Ende der 70er-Jahre schon einen leisen Humor und manchmal sogar Kritik an den Verhältnissen beobachten. Besonders viel Kunst sieht man von Jo Jastram (1925–2011) und Reinhard Dietrich (1932–2015), sie waren so was wie die Rostocker „Hauskünstler". Ab den 90er-Jahren mussten die Kunstwerke um ihren Platz kämpfen. Man hatte kein Problem damit, ein Parkhaus- oder Werbeschild direkt vor einer Plastik aufzustellen. Ein Konzept für die Stadtästhetik fehlt bis heute. Stattdessen gibt es eine ausgeprägte Sprayerkultur, während manches noch Kunst ist, sieht die Stromkastensprüherei recht kitschig aus. Erfreulich: In Neubaugebieten, wie etwa dem Petriviertel, wird weiter „Kunst im öffentlichen Raum" gefördert.

Amt für Kultur, Denkmalpflege und Museen
Hinter dem Rathaus 5
18055 Rostock
Tel.: 0381 3812942
www.rostock.de

> In keiner deutschen Stadt gibt es so viel Kunst im öffentlichen Raum wie in Rostock.

■ Bedrückende Atmosphäre im ehemaligen Stasiknast

■ Mit einer präparierten Strandtasche observierte die Stasi Urlauber

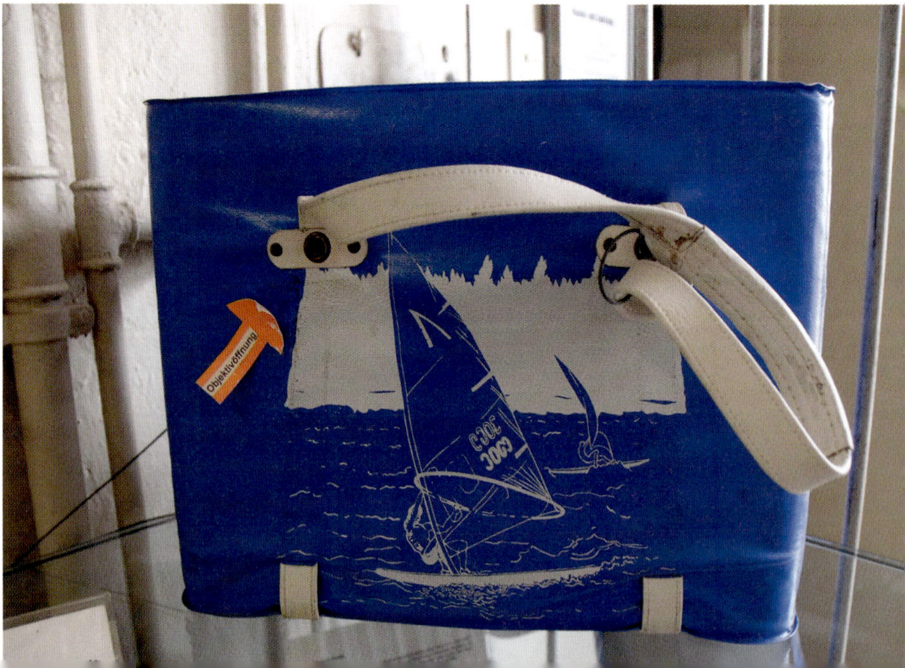

Ein finsterer Ort

Dokumentations- und Gedenkstätte in der ehemaligen U-Haft der Stasi in Rostock
Hermannstraße 34 b (Eingang gegenüber Supermarkt)
18055 Rostock
Tel.: 0381 4985651
www.bstu.bund.de

Noch heute schnürt es einem die Kehle zu, wenn man das ehemalige Stasi-Gefängnis betritt, ein Geruch wie früher in der DDR. Die Zellen mit den schweren Türriegeln sind noch da, innen statt Gefangener jetzt Ausstellungsstücke. Überall eine lauernde Stille, die bedrückt. Die Menschen, die hier einsaßen, waren keine Kriminellen, sie wollten die DDR verlassen oder etwas gegen die Diktatur unternehmen. Die Ostsee erschien wie das Tor zur Freiheit, wurde aber zur tödlichen Falle. Der Hafen mit seinen Fähren, die Handels- und Fischfangflotte galten der Stasi als besonders überwachungswürdig. Insgesamt haben 6.892 Menschen die Flucht über die See versucht. 1.256 „Absteiger" von DDR-Schiffen gab es im Ausland, 913 ist die Flucht mit Booten oder schwimmend gelungen. 174 Todesopfer sind bis heute bekannt und 4.549 Menschen wurden bei einem Fluchtversuch verhaftet. Seemänner kamen oft mit „Ausländern" zusammen, für die

> Überall eine lauernde Stille, die bedrückt.

Stasi ein permanentes Risiko, das sie kontrollieren wollte. 1989 gehörten der Bezirksverwaltung Rostock 3.686 hauptamtliche Mitarbeiter an, allein die Abteilung „Hafen" zählte 69 Angestellte, die wiederum führten 869 inoffizielle Mitarbeiter im Hafengebiet. Die Gedenkstätte ist für jeden zu empfehlen, die Fakten sind sehr anschaulich aufbereitet. Man erfährt von den abenteuerlichsten Fluchten, wie etwa von Peter Döbler, der zwei Jahre trainierte, bis er nach 25 Stunden schwimmend sein Ziel erreichte. Wie viele Schwimmer auf der Ostsee bei einem Fluchtversuch ums Leben kamen, ist bis heute unbekannt. Es war ein enormes Risiko.

■ Institut für Physiologie in der Gertrudenstraße

■ Farbenfrohe Häuser im Szeneviertel

Das Szeneviertel

Die Kröpeliner-Tor-Vorstadt, kurz KTV genannt, ist das Szene- oder Studentenviertel von Rostock. Hier gibt es viele kleine Cafés, Clubs und angesagte Läden. Rund 20.000 Menschen leben zwischen Lindenpark und Warnowufer. Zunächst gab es westlich der Stadtbefestigung nur ein paar Bauernhöfe. 1831 wurde in Zeiten der Cholera ein neuer Friedhof angelegt und am hinteren Ende 1873 ein jüdischer Friedhof. Heute heißt alles zusammen Lindenpark. Der neue Friedhof ist jetzt der alte Friedhof. Auf dem jüdischen Friedhof fanden bis 1942 Bestattungen statt, der größte Teil der Gräber konnte erhalten werden. Als die Stadt weiter wuchs, waren es zuerst wohlhabende Reederfamilien, die sich am Doberaner Berg Villen mit großen Gärten bauten. Noch erhalten sind die Schatz'sche Villa von 1841 und die Fabrikantenvilla im Patriotischen Weg. Einen regelrechten Bauboom gab es in der Gründerzeit. 1878 kamen die Bierbrauer Mahn & Ohlerich. Aus dem gleichen Jahr stammt das heutige Institut für Anatomie in der Gertrudenstraße. Der Campus der Wirtschafts- und Sozialwissenschaften war früher die Kaserne des Mecklenburger Füsilier-Regiments Nr. 90. Als die Werften boomten, wurde die Gegend auch zu einem Arbeiterbezirk. Das Gelände der ehemaligen Neptunwerft gehört ebenfalls zur KTV. Wichtige Institutionen sind das Volkstheater Rostock, das Peter-Weiss-Haus, die Heiligen-Geist-Kirche sowie das Hansa-Filmtheater und das Lichtspieltheater Wundervoll. Sehenswert ist die Christuskirche von 1971 mit der Hyparschale wie beim Teepott von Architekt Ulrich Müther.

Kröpeliner-Tor-Vorstadt
18057 Rostock
www.ktv-verein.de

Hier gibt es viele kleine Cafés, Clubs und angesagte Läden.

■ Das Volkstheater Rostock in der Doberaner Straße

■ Die Kleine Komödie in Warnemünde

Vier Sparten braucht die Stadt!

Das Volkstheater Rostock hat zwei Spielstätten, das „Große Haus" in der KTV und die „Kleine Komödie" in Warnemünde. Es ist ein Vierspartentheater mit Schauspiel, Musiktheater/Oper, Ballett und Tanz sowie Sitz der Norddeutschen Philharmonie. Das Theater hat in der Hansestadt eine lange Tradition, die bis ins 18. Jahrhundert zurückreicht. Doch das Land und die Stadtväter behandeln die darstellenden Künste wie ein Stiefkind. Zwei Sparten sollen eingespart werden. In den letzten Jahren mussten sich die Intendanten mehr mit Etatkürzungen beschäftigen als mit Spielplänen. Dabei haben nach 1990 schon fünf Spielstätten, allein in Rostock, geschlossen. Mehr als die Hälfte der Mitarbeiter wurde bereits entlassen und seit vielen Jahren verspricht man den Theaterleuten einen Neubau. 1942 wurde das riesige Stadttheater am Steintor zerbombt, seither gibt es Provisorien. Weil das Haus in den 60/70er-Jahren mit seinen zeitgenössischen Stücken von westdeutschen Autoren auch international für Aufsehen sorgte, baute man das Haus in der Doberaner Straße großzügig aus. Doch das ist eng. Unter dem Intendanten Sewan Latchinian wird nun jeder Quadratmeter genutzt. Das Theater funktioniert wie ein Schiff. Das ehemalige Ateliertheater bildet das „Heck", das Foyer das „Mittelschiff", der Chorsaal ist das „Zwischendeck" und das Intendanzfoyer die „Brücke". Der Ballettsaal ist der „Bug", der große Saal kann als „Maschinenraum" hinter dem Vorhang oder als „Vorderdeck" auf der Vorbühne bespielt werden. Neuer Termin für den geplanten Theaterneubau: 2018.

Das Theater funktioniert wie ein Schiff.

Volkstheater Rostock
Patriotischer Weg 33
18057 Rostock
Tel.: 0381 3814600
www.volkstheater-rostock.de

■ Das Forschungsschiff „Deneb"

■ Das neue Wohnviertel mit der Uferpromenade

Werftdreieck und Hafencity

Durch den Abriss der Neptunwerft sind ungeahnte Möglichkeiten für eine Neugestaltung im innerstädtischen Bereich entstanden. Direkt an der Warnow gibt es ein neues Wohnviertel mit Promenade. Hier stehen bereits Wohnungen der Baugenossenschaft Neptun sowie ein toller nierenförmiger Bau der Firma Oehm und Rehbein. Architekt war Tilo Ries, der auch das Gebäude der Aida Cruises verantwortete. An der Mauer davor gibt es ein imposantes Bild von 14 jungen Künstlern aus Rostock, Greifswald, Berlin und Leipzig. Etwas weiter westlich befindet sich das farbenfrohe Bundesamt für Schifffahrt, hier liegt das Forschungsschiff „Deneb" vor Anker. Von der Neptunwerft geblieben ist die große Schiffshalle, jetzt Neptun-Einkaufscenter, und der Helling-Kran. Er wurde für 250.000 Euro saniert und soll in dem neuen Wohnkomplex „Werftkristalle" stehen, wo die WG Marienehe die „Hafencity" baut. Etwas weiter steht „der Bunker" aus dem Zweiten Weltkrieg, jetzt angesagter Club, zu DDR-Zeiten lagerten hier Schiffsfarben. Das Wohnungsunternehmen Wiro hat das Werftdreieck zwischen Lübecker Straße, Werftstraße und Bahntrasse erworben. Hier darf man mitdiskutieren. Ein riesiges Einzelhandelskonzept ist bereits am Willen der Bürger gescheitert. Es soll ein großzügiges Wohngebiet entstehen, mit Freiraum für Kultur und soziale Einrichtungen. Zum Gelände gehört auch die Heinkelwand, die letzte Zeugin der Heinkelflugzeugwerke. Ob die baufällige Mauer erhaltenswert ist oder es auch ein Teil im Museum tut, das werden irgendwann die Rostocker entscheiden.

Kulturkombinat Bunker
Neptunallee 8
18057 Rostock
Tel.: 0381 8008927
www.bunker-rostock.de

Schifffahrtsamt
www.bsh.de

Oehm & Rehbein
www.oehm-rehbein.de

Es soll ein großzügiges Wohngebiet entstehen, mit Freiraum für Kultur und soziale Einrichtungen.

■ Am Port Rostock

■ Ein Schlepper zieht die finnische Fähre zum RoRo-Terminal

Zweistelliges Umschlagplus

Der Rostocker Überseehafen ist ein Erfolgskonzept. Allein im ersten Halbjahr 2015 wurden 13,1 Mio. Bruttotonnen umgeschlagen, eine weitere Million war es in den anderen Rostocker Häfen. Das ist ein Wachstum von jährlich zehn Prozent. Der Urhafen der Rostocker war der Stadthafen. Er wurde im Zweiten Weltkrieg stark beschädigt und von 1950 bis 1959 mussten die Güter für die DDR im Überseehafen Hamburg umgeschlagen werden. 1957 stellten die SED-Funktionäre die Aufgabe, den Seehafen Rostock zum größten der DDR auszubauen. Geld war keins da und so wurden die Bürger zu Spenden aufgerufen. Fast vier Millionen Ostmarkt kamen zusammen und 65.000 Tonnen Steine. Unter dem Motto „Feldsteine für den Rostocker Hafen" sammelten die Bürger überall Steine. 2.000 Menschen arbeiteten in drei Schichten. In nur neun Monaten leisteten sie unentgeltlich 255.000 Arbeitsstunden. Am 30. April 1960 wurde das erste Stückgut im neuen Überseehafen gelöscht. 1989 hatte das Kombinat Deutfracht 25.000 Mitarbeiter, 192 Schiffe und löschte 20 Mio. Tonnen. Im Mai 1990 löste die Treuhand das Unternehmen auf und der Überseeverkehr lief wieder über Hamburg. Erst 1991 ging es in Rostock weiter, 8,1 Mio. Tonnen wurden umgesetzt. Zehn Jahre brauchte es, um an alte Zahlen anzuknüpfen. 1994 entstand ein neuer Fährhafen. Der „Rostock Port" ist heute einer der modernsten in Deutschland. Seine Stärke ist die Flexibilität mit Chemie-, Getreide- und Ölhafen, Schüttgut- und Stückgutterminal. Auf seiner Homepage kann man jede Schiffsbewegung live mitverfolgen.

Hafen-Entwicklungsgesellschaft Rostock mbH
Ost-West-Straße 32
18147 Rostock
Tel.: 0381 3500
www.rostock-port.de

Der „Rostock Port" ist heute einer der modernsten in Deutschland.

■ Aus Trelleborg kommt die größte Kombifähre der Welt, die „Scane"

■ Die „Prins Joachim" fährt täglich von Rostock ins dänische Gedser

Die Schwedenfähre

23

Am Warnowpier, dem Pier 1 des Überseehafens, befindet sich heute der Fährhafen. Dort legen täglich die Fähren nach Gedser (Dänemark) und Trelleborg (Schweden) an. Rund zwei Millionen Passagiere nutzen die Fährverbindung pro Jahr. Der Fährterminal ist 200.000 Quadratmeter groß. In der DDR waren die sogenannten „Schwedenfähren" Sehnsuchtsschiffe. Man stand in Warnemünde an der Westmole und sah ihnen lange nach. Mitfahren konnte man ja nicht. 1886 reisten die ersten Passagiere mit dem Postdampfer von Warnemünde nach Nyköbing. 1903 wurde eine Eisenbahnfährverbindung eröffnet. Sie befand sich auf der heutigen Mittelmole zwischen Seekanal und Altem Strom. Gleichzeitig wurde der heute noch erhaltene historische Bahnhof gebaut. In der DDR-Zeit gab es täglich zwei Schnellzüge, die von Berlin via Fähre nach Dänemark fuhren. 1995 wurde der Fährbetrieb in Warnemünde eingestellt, die Anlage abgebaut. An der Nordkante der Mittelmole lädt inzwischen ein neu gestalteter Panoramaweg zum Spazieren ein. Auf den Freiflächen sollen attraktive Wohnungen entstehen.

Fähranleger Rostock
Zum Fährterminal 1
18147 Rostock
www.rostock-port.de/schiffsverkehr/faehrverkehr/fahrplan.html

www.scandlines.de
www.ttline.com
www.stenaline.de

> In der DDR waren die sogenannten „Schwedenfähren" Sehnsuchtsschiffe.

Die Fähren der Scandlines nach Gedser sowie der Stena Line und der TT-Line nach Trelleborg fahren vom Überseehafen ab. Die Züge von Berlin enden am Rostocker Hauptbahnhof, von dort geht ein Shuttlebus zum Überseehafen. Autos und Lkws fahren direkt auf die Fähren. In Zukunft kommen auf die Schiffseigner hohe Investitionskosten zu, denn die Richtlinien für die Minimierung der Schwefelemissionen in den Abgasen sind verschärft worden. Viele Schiffe müssen umgerüstet werden.

■ Eisbärenjunge Fiete erprobt die Verkehrslage

■ Aquarium im Darwineum

Eisbärenstark

24

Der Rostocker Zoo ist mit seiner historischen Parkanlage einer der schönsten in Deutschland. Im Euroranking der mittleren Zoos nimmt er sogar Platz eins ein. Auf 56 Hektar leben mehr als 4.500 Tiere von allen Kontinenten. Begonnen hat alles schon um 1864 mit der Umgestaltung eines alten Exerzierplatzes zur Grünanlage. Förster Schramm von der Trotzenburg pflanzte fremdländische Bäume und richtete ein Wildgehege mit Wildschweinen, Rehen und Hirschen ein. Am 4. Januar 1899 wurde der „Hirschgarten" eröffnet. Durch die alliierten Bomben 1942 war auch der Zoo nahezu zerstört. Viele Freiwillige kamen, um zu helfen, Tausende spendeten für ihren Zoo. 1956 eröffnete dann der „Zoologische Garten Rostock". 1963 kam Katja, das erste Eisbärenkind, zur Welt. Rostock ist berühmt für seine Eisbärenzucht und führt seit 1980 ein internationales Zuchtbuch. Jüngster Publikumsliebling ist Fiete. Er darf sich schon auf das „Polarium", die neue Eisbärenerlebniswelt freuen, Baubeginn: 2016. In den 90er-Jahren wurden viele Anlagen artgerecht umgebaut, so das Robbengehege. Hier gibt es viel Spaß bei den Schaufütterungen, da legen sich die putzigen Tiere richtig ins Zeug, zeigen allerlei Kunststücke. Höhepunkt im Rostocker Zoo ist das Darwineum mit Tropenhalle und Evolutionsausstellung. Es wurde 2012 eröffnet und zeigt zwei Ausstellungsbereiche zur Entstehung des Universums sowie Themenboxen, u. a. lebenden Fossilien, Aquarien mit Korallen oder Deutschlands größter Quallenkreisel. In der Tropenhalle leben Gorillas, Orang-Utans, Kattas und andere Äffchen.

Rostocker Zoo
Rennbahnallee 21
18059 Rostock
Tel.: 0381 20820
www.zoo-rostock.de

Höhepunkt im Rostocker Zoo ist das Darwineum mit Tropenhalle und Evolutionsausstellung.

■ „Bellevue" – schöne Aussichten schuf Eric Poulsen an der Kunsthalle

■ Wiener Viertel in Rostock-Reutershagen

Backstein, Kunst und Platte

Wer die verschiedenen Architekturstile des 20. Jahrhunderts sehen will, muss nach Reutershagen. Alt-Reutershagen entstand bereits ab 1919. Als dann die Ernst Heinkel Flugzeugwerke sich in Marienehe niederließen, brauchten sie Wohnungen. 16.000 Arbeiter sollten in der Rüstungsindustrie arbeiten. 1937 wurden das Komponistenviertel und 1939 das Viertel rund um den Wiener Platz, damals Ostmärkisches Viertel, gebaut, beide in der damals typischen Backsteinbauweise. Zur „Volkserholung" legte man 1938 gleich nebenan eine zehn Hektar große Teich- und Parkanlage an. Große Teile davon wurden 1942 durch britische Bomber zerstört. In Marienehe gründete man das Fischkombinat auf den Ruinen der Flugzeugwerke. Riesige sozialistische Großbetriebe entstanden und wieder wurden Wohnungen für Arbeiter gebraucht. 1953 bis 1957 wurde Reutershagen I gebaut, zum Teil im stalinistischen Zuckerbäckerstil. 1958 folgte Reutershagen II mit den ersten Großplattenbauten von Rostock, damals noch mit Ofenheizung. In der Nähe des beschaulichen Schwanenteichs baute man 1969 ein modernes Ausstellungszentrum mit einer Fläche von 1.500 Quadratmetern: die Kunsthalle Rostock. Es war der einzige Museumsneubau in der DDR. Geplant war, vor allem Künstler aus den Ostseeanrainerstaaten zusammenzubringen, dazu wurde hier die erste Ostsee-Biennale ins Leben gerufen. Heute wird vor allem zeitgenössische Kunst aus der Küstenregion ausgestellt. Aber auch Künstler wie Chagall, Camille Claudel oder Christo wurden schon gezeigt. Die Kunsthalle genießt auch international einen sehr guten Ruf.

Kunsthalle Rostock
Hamburger Straße 40
18069 Rostock
Tel.: 0381 3817008
www.kunsthalle rostock.de

> **Es war der einzige Museumsneubau in der DDR.**

■ Am alten Fischereihafen Marienehe

■ Frischen Seefisch aus der Ostsee gibt es im Fischmarkt

Kartause und Fischbratküche

26

Es ist eine spannende Gegend mit morbidem Industriecharme. Marienehe, einst Mergnew oder Mergene genannt, ist ein Rostocker Stadtteil mit Geschichte. 1396 war es grün und idyllisch, als die Kartäusermönche hier ihr Kloster gründeten. Fast 200 Jahre ging alles gut, doch als Joachim Slüter, der Kaplan von St. Petri, mit seinen reformistischen Predigten begann, stürmte die Bürgerschaft die Klöster. Noch hielten die Herzöge Albrecht VII. und Heinrich VI. ihre schützende Hand über die Kartause. Ihr Nachfolger Johann Albrecht I. sah das aber anders. 1559 wurde das Kloster geschleift, die Steine im Schloss Güstrow verbaut. 1933 entstand dort das Ernst Heinkel Flugzeugwerk. Heinkel verdiente enorm an der Kriegsproduktion und hatte später deutschlandweit zehn Betriebe mit etwa 50.000 Mitarbeitern. Als die Heinkelwerke 1942 bombardiert wurden, blieb in Marienehe nichts übrig, den Rest demontierten die Sowjets. Rostock hatte bis dahin noch keinen größeren Fischereihafen. So entstand eine riesige Anlage mit Lager-, Kühl- und Salzhallen. 1952 wurde das Fischkombinat Rostock gegründet, es hatte mehr als 8.000 Mitarbeiter, die Hälfte davon fuhr zur See. Mit der politischen Wende wurde das Kombinat 1990 aufgelöst. Große Hallen, Schienen und Hafenbecken sind heute wieder in Betrieb. Lohnenswert ist der Fischmarkt. Hier gibt es frischen Ostseefisch. Gleich daneben, in einer alten Halle, ist die Fischbratküche. Dort gibt es preiswerte Gerichte. Riesige Holzstapel lagern an der Kaikante. Logistik- und Lagerfirmen sowie kleine Alternativunternehmen haben sich hier niedergelassen.

Rostocker Fischmarkt & Fischbratküche
Warnowpier 431
18069 Rostock
Tel.: 0381 8111221
www.rostocker-fischmarkt.de

In einer alten Halle gibt es eine Fischbratküche, die Fischgerichte zu moderaten Preisen anbietet.

■ Ausstellungsstücke: Fischbüchsen aus dem VEB Fischkombinat Rostock

■ Schifffahrtmuseum im Traditionsschiff Typ „Frieden"

Museum im Traditionsschiff

Ein Ausflug ins Schifffahrtsmuseum ist auf jeden Fall ein Erlebnis. Im Motorschiff „Dresden", jetzt Traditionsschiff „Frieden", einem 10.000-t-Frachter, wurde ein Museum mit 12.000 Exponaten eingerichtet. In den Außenanlagen sind mehr als 90 Großobjekte zu sehen. Prunkstück ist der Schwimmkran „Langer Heinrich". Er wurde 1905 gebaut und hat eine Hubhöhe von fünfzig Metern. 1946 bis 1978 stand er auf der Neptunwerft und galt damals als einer der größten Kräne der Welt. Sehenswert sind aber auch der Dampfschlepper „Saturn", das Betonschiff „Capella" sowie das Hebeschiff „1. Mai". Im IGA-Park gibt es außerdem eine historische Schiffswerkstatt sowie eine Slipanlage zu bestaunen und sogar Reste der abgebrochenen Kabelkrananlage der Warnowwerft. Die Hauptausstellung ist in der „Dresden" und beginnt im unteren Deck mit den Anfängen des Schiffbaus, mit Einbaum und den Gokstadschiffen der Wikinger. Von 1300 bis 1600 war Rostock ein sehr bedeutender Hafen im Ostseeraum. Typische Schiffe waren die Hansekoggen. Die Ausstellung zeigt den Niedergang der Hanse im 17. Jahrhundert und Aufschwung im 19. Jahrhundert, erzählt vom Rostocker Wasserflugzeugbau, von den ersten Dampfschiffen und vor allem von der Werftengeschichte der DDR. Bestaunt werden kann ein großes Diorama der ehemaligen Neptunwerft. Interessant ist auch die Geschichte der Passagierschifffahrt, der Fischerei- und der Handelsflotte der DDR, außerdem Deutschlands größte Ausstellung zum Thema Seefunk. Weiteres gibt es zum Thema Offshore. Für das Schifffahrtmuseum sollte man sich Zeit nehmen.

Rostocker Schiffbau und Schifffahrtsmuseum
im IGA-Park
Schmarl-Dorf 40
18106 Rostock
Tel.: 0381 12831300
www.schifffahrtsmuseum-rostock.de

Prunkstück ist der Schwimmkran „Langer Heinrich".

■ Beliebt bei den Kindern: Straßenkünstler auf der Bummelmeile

■ Der Alte Strom ist die Lebensader von Warnemünde

Die Lebensader von Warnemünde

28

Nichts ist schöner als ein Bummel am Alten Strom. Es gibt so viel zu sehen: die hübschen kleinen Geschäfte in der ersten Reihe, bunte Kapitäns- und Fischerhäuschen mit Vorgärten, Restaurants, Galerien oder Cafés. Auf dem Wasser: Fischkutter, prächtige Yachten und Dampfer. Von der Drehbrücke hat man den schönsten Blick über den Strom.

Am Alten Strom mündete einst die Warnow in die Ostsee und gab dem kleinen Fischerdorf seinen Namen: Warnemünde. Wer hier wohnte, fuhr zur See, lebte vom Fischfang oder von Lotsendiensten. Der erste Hafen lag auf der Westseite des Flusses. Die Stadt Rostock verpflichtete 1288 den Patrizier Rötger Horn die Hafeneinfahrt über fünf Jahre auf einer Tiefe von 12 Fuß zu halten. Dieser Mündungsarm der Warnow war die wichtigste Wasserstraße für die Rostocker Kaufleute. Als der Verkehr zunahm, wurde 1903 östlich daneben der Neue Strom, der spätere Seekanal, ausgebaut. Bis vor zwanzig Jahren gab es vom alten Strom noch einen Abfluss zum Seekanal. Mit dem Bau des Fährterminals wurde er aber zugeschüttet. Am südlichen Ende haben die Warnemünder ihre Motorboote liegen. Hier finden auch die Drachenboot- und Waschzuberrennen statt. Auf der Ostseite des Stroms machen die Fischkutter des Fischmarktes fest. Manche sehr alten und kuriosen Schiffe liegen dort. Anschließend kommen die Segler und Yachten der Vereine sowie Gastboote. Gegenüber auf der Westseite gibt es Imbisskutter, Rettungsnotboote und die Dampfer der Hafenrundfahrt. Die über hundert Jahre alte Drehbrücke führt über den alten Strom zum Bahnhof.

Alter Strom
Am Strom
18119 Rostock-Warnemünde
www.rostock.de/sehenswuerdigkeiten.html

Von der Drehbrücke hat man den schönsten Blick über den Strom.

■ Die Kuttersegler kehren heim, leider war fast nur Flaute

■ Die Sportschule des Landessportbundes „Yachthafen Warnemünde"

Eine Woche Warnemünde

Jedes Jahr Anfang Juli findet eins der wohl schönsten maritimen Events an der Ostseeküste statt: die „Warnemünde Woche". Ausgetragen werden internationale Segelwettbewerbe, an denen mehr als 2.000 Segler aus dreißig Nationen teilnehmen. Am Yachthafen an der Mittelmole leuchten dann die weißen Segel. Wegen seiner langen Welle ist das Segelrevier besonders beliebt. Zehn Tage lang gibt es Wettkämpfe, wie die 1. und 2. Segel-Bundesliga, den Laser Europa Cup, die Internationalen Deutschen Meisterschaften der Piraten und der 470er sowie Internationale Deutsche Jugendmeisterschaften verschiedener Klassen, aber auch Kuttersegeln und Kitesurfen. Organisiert werden die Wettbewerbe vom Warnemünder Segel Club e. V., der bereits 1926 die erste „Warnemünder Woche" veranstaltete. Heute unterstützen sie zehn weitere Segelvereine.

Eine Woche lang steht Warnemünde kopf. Den Rahmen bildet ein buntes Sommerfest, das zehn Tage lang für Stimmung sorgt. Den Start macht der traditionelle „Umgang", weiter geht es mit Shantychor- und Trachtentreffen. Für viel Spaß und Unterhaltung sorgen auch die Drachenboot- und Waschzuberrennen auf dem Alten Strom. Am Strand treffen begeisterte Beachhandballer und Kubbspieler aufeinander. Mehr als 600.000 Zuschauern kommen jedes Jahr zur „Warnemünder Woche". Entlang der Promenade und des Alten Stroms herrscht ein buntes Markttreiben mit mehreren Bühnen, auf denen den ganzen Tag Programm stattfindet. Wenn die Sonne untergeht, treffen sich alle am Strand zur Beachparty, man lässt den Tag mit einem Cocktail ausklingen.

Warnemünder Woche
www.warnemuender-woche.com

> Eine Woche lang steht Warnemünde kopf.

- Der „Ümgang" von Wolfgang Friedrich

- Beim „Neuen Ümgang" gehen alle mit, auch der Sportverein Warnemünde

Wie sich die Warnemünder behaupteten

Der „Warnminner Ümgang" ist ein Figurenbrunnen des Bildhauers Wolfgang Friedrich in der Alexandrinenstraße. Symbol der Warnemünder gegen die frühere Vorherrschaft der Stadt Rostock. Jahr für Jahr zogen die Bürgerältesten in Begleitung aller Warnemünder zum städtischen Vogt: „Dem Rade und der Stadt Rostock gehorsam, truw und hold sin." Dabei hieß „trau und hold" wohl eher „Zins und Gold" geben. Die Stadt Rostock hatte fast immer das Sagen und ließ das ärmere Warnemünder bluten. Doch die „steenpötschen Warnminner" behaupteten sich jedes Jahr mit ihrem Umgang. Noch heute, am ersten Juliwochenende, findet symbolisch „De Niege Ümgang", ein großer Festumzug mit allen Warnemünder Vereinen, statt. Ob Feuerwehr, Shantychor oder Turnverein, mehr als 3.000 Teilnehmer sind dabei, auch die Großherzogin Alexandrine, Lotsenkommandeur Jantzen, Neptun mit seinen Nixen, allerlei Fantasiegestalten sowie historische Vorbilder. Mit Pauken und Trompeten, Neptuntaufen und einem großen Bonbonregen zieht der fröhliche Zug vom Leuchtturm durch die Alexandrinenstraße bis zum Kirchplatz. Dort kann man eine historische Warnemünder Hochzeit miterleben. Nachdem hier ausgiebig getanzt und gesungen wurde, geht es weiter über die Mühlenstraße, am Kurpark vorbei bis zur Promenade und wieder zurück zum Leuchtturm. Dort wird dann symbolisch das erste Fass Rostocker Bier vom Bürgermeister angestochen. Auf mehreren Bühnen gibt es bis spät in den Abend Tanz und Gesang. Der große Festumzug ist gleichzeitig der Beginn der Warnemünder Woche.

Warnemünder Ümgang
www.warnemuender-woche.de

Bronzeplastik in der Alexandrinenstraße
Bildhauer Wolfgang Friedrich
St.-Georg-Straße 99
18055 Rostock
Tel.: 0381 1274441
www.bildhauer-friedrich.de

Doch die „steenpötschen Warnminner" behaupteten sich jedes Jahr mit ihrem Ümgang.

■ Beliebtestes Fotomotiv: Leuchtturm und Teepott

■ Die „Arkona" ist ein Schiff der Seenotrettung, dahinter der Leuchtturm

Leuchtender Wegweiser

31

Er ist das Wahrzeichen von Warnemünde. Seit mehr als hundert Jahren weist der Leuchtturm den Weg in die Warnowmündung. Bereits beim Ausbau des Rostocker Hafens, 1283, wurde ein Leuchtfeuer erwähnt. Zuerst war es wohl ein hölzerner Turm, in den man einen Feuerkorb hinaufzog. Mitte des 19. Jahrhunderts kam es zu einem Aufschwung des Seehandels. Rostock hatte mit 372 Schiffen die größte Segelschiffflotte im Ostseeraum. Der Bau eines neuen Leuchtturms wurde zwar 1863 genehmigt, konnte aber erst 24 Jahre später verwirklicht werden. Bauleiter war der Rostocker Hafenbaudirektor Karl Friedrich Kerner. 1898 wurde der Turm eingeweiht. Er ist 31 Meter hoch und wurde aus Ziegeln gemauert, die an der Außenhülle glasiert sind. Die Scheinwerferleuchte betrieb man zuerst mit Petroleum. Mehr als 70.000 Menschen besuchen jährlich den Warnemünder Leuchtturm. Es gibt zwei Aussichtsplattformen für Besucher. Der Leuchtturm wird vom Förderverein Leuchtturm betreut. Zwölf ehrenamtliche Leuchtturmmänner arbeiten paarweise auf dem Turm. Es ist der einzige Verein Rostocks, der keine Fördermittel bekommt, sondern selbst welche ausreicht. Bisher wurden vom Verein 580.000 Euro an 105 soziale Projekte vergeben. Ein Höhepunkt ist das „Warnemünder Turmleuchten" mit gut 85.000 Besuchern. Es findet immer am 1. Januar statt. Am Turm sowie auf der Mole gibt es eine riesige Inszenierung mit Bühnenprogramm, Lasershow, Barock- und Höhenfeuerwerk. Beliebt ist der Turm auch bei Brautpaaren. Hier ist ein toller Ort, um sich das Jawort zu geben.

Förderverein Leuchtturm Warnemünde e. V.
Am Leuchtturm
18119 Rostock-Warnemünde
Tel.: 0381 5192626
www.warnemuende-leuchtturm.de

Mehr als 70.000 Menschen besuchen jährlich den Warnemünder Leuchtturm.

Das Hotel Neptun überragt die Strandpromenade

Vom Bett übers Meer schauen

Jede Woche prominente Gäste, das schaffen nur wenige Hotels. Aber für das „Neptun" gehörte das von Anfang an dazu. Das Hotel wurde 1971 nach Plänen des schwedischen Architektenduos Fritz Jaenecke und Sten Samuelson gebaut. Beide hatten 1958 die Weltmeisterstadien zur Fußball-WM entworfen. Das geplante 64 Meter hohe Ferien-, Kongress-, Sport- und Kurhotel galt vielen jedoch als Bausünde, überragte es doch den gesamten Ort. Heute lästert keiner mehr, der Baustil ist wieder angesagt. Aber mehr Hochhäuser sollten es nun auch nicht werden. Die Innenarchitektur des 5-Sterne-Hauses ist modern, maritim, hell und frisch. 2014 wurde der gesamte Wellnessbereich neu gestaltet: das beliebte Thalasso-Zentrum sowie das Arkona-Spa. Für die Anwendungen kommt das Salzwasser direkt aus der Ostsee und wird dann auf 30 Grad erwärmt. Das Hotel hat 18 Etagen mit 336 Zimmern und Suiten. Jedes Zimmer verfügt über einen Sonnenbalkon mit Blick aufs Meer.

Ein Highlight in der 19. Etage sind die Sky-Bar und das Panoramacafé. Neben dem tollen Ausblick gibt es auch noch leckere Torten. Ein Geheimtipp ist der „Sturmsack", ein Riesenwindbeutel mit Eis und heißen Kirschen. Je nach Laune frühstückt man oben oder unten, wo es weitere Restaurants wie das „Dünenfein" oder den „Genusshafen" gibt. Immer voll ist die „Grillstube Broiler", die originalgetreu erhalten blieb, auch was die Speisen angeht. Toll ist eine Ausfahrt mit dem hoteleigenen Kutter „Santa Maria" und zum Tagesabschluss genießt man einen Cocktail in der Strandbar „Düne13". Der Sonnenuntergang ist gratis.

Hotel Neptun
Seestraße 19
18119 Rostock-Warnemünde
Tel.: 0381 7777777
www.hotel-neptun.de

Jedes Zimmer verfügt über einen Sonnenbalkon mit Blick aufs Meer.

■ Musik im Kurhausgarten

■ Die Kurmuschel wird für große Konzerte genutzt

Von einem Bau, der nie fertig wurde

33

Das Kurhaus ist der BER von Warnemünde, seit hundert Jahren Baustelle. Als sich das kleine Fischerdorf zum beliebten Kur- und Badeort entwickelte, musste auch ein Kurhaus her. Bereits 1898 gab es erste Pläne, 1906 war Baubeginn, dann wurde das Vorhaben abgebrochen, 1914 ging es weiter, um kurz danach wieder zu stagnieren. 1922 legte man nun zunächst einen Kurgarten mit Musikpavillon, die Lese- und eine Wandelhalle an. 1926 begann der Weiterbau nach Plänen von Gustav Wilhelm Berringer. Viele Warnemünder sagen heute: Es war Glück, dass dieses Haus nicht in der Gründerzeit gebaut wurde. Berringer orientierte sich am Dessauer Bauhausstil, an der Neuen Sachlichkeit. Für die Innengestaltung holte er die Bauhausschülerin Dörte Heim und den Innenarchitekten Walter Butzek an Bord. Am 24. Mai 1928 wurden Kurhaus und Kurgarten feierlich eröffnet. Doch schon einige Jahre später war der Pächter unzufrieden, es gab Baumängel. 1940 wurde der Kurbetrieb kriegsbedingt eingestellt. Die Heinkelwerke nutzten das Haus als Munitionsfabrik, glücklich blieb es von Bomben verschont. In der DDR-Zeit war das Kurhaus ein Ort der Kultur und wurde ebenfalls zwei Mal umgebaut. Nach 1989 gab es neue Um- und viele Ausbauten. Das Innere hat nun nichts mehr mit dem alten Kurhaus zu tun, die Arbeiten von Heim und Butzek sind zerstört. Das Kurhaus möchte wieder ein kulturelles Zentrum sein. Es beherbergt eine Spielbank, Restaurants und einen Veranstaltungssaal. Der Kurgarten ist durch eine Tiefgarage unterkellert. Schön sind die Kurmuschel und der Musikpavillon.

Kurhaus Warnemünde
Seestraße 18
18119 Rostock-Warnemünde
Tel.: 0381 5484474
www.kurhaus-warnemuende.de

Das Kurhaus möchte wieder ein kulturelles Zentrum sein.

■ Fischkutter am Fischmarkt Warnemünde

■ Fischer Eike Düwel

Vom Kutter auf die Theke

Der Warnemünder Fischmarkt erfreut sich bei Touristen wie bei Einheimischen großer Beliebtheit. Ganz früh am Morgen kommt der fangfrische Fisch direkt vom Kutter auf die Theke. Saisonabhängig gibt es Scholle, Dorsch, Steinbutt oder Hering. Doch die Situation der kleinen Fischer ist nicht leicht. Gab es vor der Wende gut 23 Fischkutter in der Produktionsgenossenschaft, sind es heute noch sechs hauptamtliche und drei nebenberufliche Fischer. Das liegt vor allem an der Verteilung der Fangquoten. Nach der Auflösung der Genossenschaften bekamen kleine Küstenfischer nur noch dreißig Prozent der Fangquote vor ihrer eigenen Haustür. Fischer Eyke Düwel kann davon ein Lied singen. Er beschreibt in seinem Buch „Dorschgeflüster" das überaus harte Leben des Berufes, aber auch seine Liebe zu Warnemünde. Sein alter Fischerkahn liegt gleich vorn hinter der Brücke. Wer hier jetzt noch mit einem kleinen Kutter vor Anker liegt, ist ein Enthusiast oder erfinderisch Manche haben inzwischen drei Jobs. Günther Schewe hatte eine andere Idee. Er züchtet seit 25 Jahren Lachsforellen in der Ostsee. Die extensive Haltung bekommt Meer und Fischen gut. Auf seinem Kutter „Jasmund" kann man zum Abfischen mit hinausfahren und gleich an Bord den Fisch verzehren. Der Fischmarkt mit seiner Direktvermarktung ist für die Fischer sehr wichtig. Neben fangfrischem Fisch gibt es auch frisch Geräuchertes wie Heilbutt, Buttermakrele, Flundern oder Aal, außerdem Backfisch, leckere, selbst gemachte Salate, Rollmops, Brathering und natürlich Fischbrötchen.

Fischmarkt Warnemünde
Mittelmole
Sa./So. 8–18 Uhr
Mo.–Fr. auch offen, aber weniger Stände

Saisonabhängig gibt es Scholle, Dorsch, Steinbutt oder Hering.

Christopher Falk, Annett Zwicker, Alexander Kadner, Uwe Hoffmann (v. l. n. r.)

Das Restaurant „Seekiste zur Krim"

Restaurantname aus dem Krimkrieg

35

Die „Seekiste zur Krim" ist das älteste Lokal in Warnemünde, 1870 als Seefahrerkneipe gegründet und immer von Kapitänen geführt. Erste Ausnahme war der heutige Besitzer Alexander Kadner, der daraus ein beliebtes Feinschmeckerrestaurant machte. Zwar fuhr er selbst einmal zur See, stand aber meistens in der Kombüse. Sein Vater dagegen war Kapitän der Handelsmarine, bevor er 1983 Kneipenwirt in der „Seekiste" wurde. In Warnemünde gab es damals nicht mehr als zwanzig Lokale, inzwischen sind es mehr als viermal so viele. Alexander Kadner absolvierte seine Wanderjahre bei den Sterneköchen in Freiburg, bei Heinz Winkler und wurde sogar Souschef im Berliner Hotel Adlon. Als ihn die Familie heim rief, war er zur Stelle und übernahm 2006 das schöne Traditionshaus. Der scheinbar fantasievolle Name des Restaurants rührt vom Krimkrieg (1853–1856) her. Rostocker Reeder verschifften damals Getreide und Waffen ans Schwarze Meer. Die Kapitäne belieferten beide Kriegsparteien. Dabei verdienten sie sich eine „goldene Nase". Als gemachte Männer kamen sie zurück, eröffneten Lokale oder Pensionen. Aus Dankbarkeit trugen alle den Beinamen „zur Krim". Heute bekommt man in der „Seekiste" traditionelle Mecklenburger Küche, modern interpretiert. Besonderen Wert legt der Koch auf frische Zubereitung mit besten Produkten aus der Region, es gibt nur Fisch aus der Ostsee. Nudeln und Eis sind hausgemacht. Superlecker schmeckt das Sanddornsorbet. Familie Kadner betreibt außerdem das Café und die Bar „Papa Doble" am Leuchtturm 16.

Seekiste zur Krim
Am Strom 47
18119 Rostock-Warnemünde
Tel.: 0381 52114
www.seekiste-zur-krim.de

In Warnemünde gab es damals nicht mehr als zwanzig Lokale, inzwischen sind es mehr als viermal so viele.

■ Einfahrt in den Seekanal mit der „Min Herzing"

■ Die „Käpt'n Brass" startet am Alten Strom

Eine Seefahrt die ist lustig

Was wäre eine Hafenstadt ohne Hafenrundfahrt? Hier gibt es viele Möglichkeiten: Ausflüge übers Meer oder die klassische Hafentour. Ein Fahrrad kann man mitnehmen. Auf dem Seekanal geht es zunächst an den Warnemünder Werften vorbei, dann am Schifffahrtsmuseum und dem IGA-Gelände. Auf der anderen Seite liegt dann schon der Rostocker Überseehafen. Man kann die riesigen Pötte beobachten. Weiter geht es vorbei am alten Fischereihafen und der neuen Hafencity, dem ehemaligen Gelände der Neptunwerft. Nun sieht man schon die herrliche Skyline von Rostock mit der Petri- und der Marienkirche. Gegenüber liegt Gehlsdorf mit seinen Segelclubs. Hinein geht es in den Stadthafen von Rostock, mit Glück liegen einige Großsegler vor Anker. Man kann einen Ausflug ins Stadtzentrum unternehmen und mit dem Rad oder der S-Bahn zurückfahren – oder wieder mit dem Schiff. Zu empfehlen ist auch eine Schiffstour über den Breitling nach Markgrafenheide mit dem Mississippi-Dampfer und lustiger Kapitänsunterhaltung. Los geht's Am Strom, über den Breitling, zur Ausflugsgaststätte „Schnatermann", hier radelt man in die Rostocker Heide weiter oder schippert über den Radelsee bis nach Markgrafenheide, aber nur, wenn der Moorgraben ausreichend Wasser führt. Von Markgrafenheide geht es bequem zurück mit Bus oder Fahrrad, zwischendrin lohnt ein Besuch am Strand oder auf der Hohen Düne. Wie wäre es mit einer Minikreuzfahrt? Lohnend ist ein Ausflug mit der MS „Baltic" nach Kühlungsborn, integriert ist ein Bordshop mit 400 Sorten Whiskey und ein Probierstübchen.

Wie wäre es mit einer Minikreuzfahrt?

Anleger Rostock
Am Strande 1 c
18055 Rostock
www.rostockerflotte.de

Stadtlinie Warnemünde–Rostock
Am Passagierkai 3
18119 Rostock-Warnemünde
www.blaue-flotte.de

Anleger Am Strom
18119 Rostock-Warnemünde
www.fahrgastschifffahrt.de
www.warnowpersonenschifffahrt.de
www.ms-baltica.de

Die „AIDAdiva" läuft am Morgen in Warnemünde ein

Das Kreuzfahrtterminal in Warnemünde

Traumschiff ahoi!

37

Am 1. Mai 2005 wurde das Warnemünder Cruise Center an der Mittelmole eröffnet. In nur zehn Jahren hat sich das kleine Seebad zu einem der wichtigsten Kreuzfahrthäfen mit den meisten Anläufen in Deutschland entwickelt. 2015 gab es 181 Anläufe. Große Kreuzliner wie die „Regal Princess" haben eine Länge von 330 Metern. Es gibt manchmal sogar Fünffachanläufe. In puncto Umweltschutz sind die meisten jedoch noch Dinosaurier. Die Emission durch Kreuzliner ist leider nicht optimal. Insgesamt wurden 2015 rund 500.000 Passagiere und noch einmal gut 250.000 Besatzungsmitglieder erwartet. Es ist erstaunlich, wie der 7.000-Seelen-Ort das verkraftet.

Doch die Warnemünder sind sturmerprobt. Im Gegenteil, sie sind große Fans der überdimensionalen Riesen. Morgens, wenn noch alles schläft, fahren die schwimmenden Städte in den Seekanal. Vormittags schwärmen die Besucher aus, zu Ausflügen nach Rostock, Bad Doberan oder Berlin. Viele gehen auch an den Strand. Warnemünde ist für die Gäste aus mehr als 130 Ländern oft ein Etappenstopp auf einer großen Ostseekreuzfahrt. Sie machen gern einen Einkaufsbummel, erwerben Tücher gegen den Wind oder kleine Souvenirs. Die Besatzung schätzt vor allem das kostenlose WLAN rund um die Touristeninformation und kauft gern deutsche Schokolade im Supermarkt. Spätabends ist es dann Zeit für den Abschied. Oft werden die Schiffe mit einer Portparty verabschiedet, mit Schlepperballett und Feuerwerk. Wenn die Musik „Muss i denn zum Städtele hinaus" spielt, antworten die majestätischen Riesen mit einem Hupkonzert.

Warnemünde Cruise Center
Kreuzfahrtterminal
Ost-West-Straße 32
18147 Rostock
Tel.: 0381 3505026
www.rostock-port.de

Liegeplätze P1-P8A
Warnemünde
Passagierkai
Liegeplatze 41/42
Seehafen Rostock

Morgens, wenn noch alles schläft, fahren die schwimmenden Städte in den Seekanal.

■ Ostseebad Hohe Düne, Lotsenstation und Fähre

■ Die Yachthafenresidenz Hohe Düne

Marine, Luxus und Lotsen

Das Ostseebad Hohe Düne liegt am östlichen Ufer des Seekanals. Hier befinden sich die Yachthafenresidenz Hohe Düne, eine Lotsenstation sowie ein Marinestützpunkt. Im Mittelalter gab es nördlich des Breitlings bereits einen ersten Seehafen, den die Stadt Rostock 1264 käuflich erwarb. Die Schiffe fuhren über kleine Kanäle in die Ostsee. Sie verlandeten später oder wurden geschlossen. 1903 baute man den Neuen Strom als Seekanal aus. Auffällig ist heute der blaue Turm. Dabei handelt es sich um eine Verkehrsleitzentrale und Lotsenstation, deren Neubau 1970 für Aufsehen sorgte. Die Hohe Düne ist seit 1913 Marinestützpunkt. Hier diente 1914 auch der Dichter Ringelnatz auf einem Minenlegeschiff. Die Junkers Flugzeugwerke testeten hier die Nachtlinie Berlin–Warnemünde–Stockholm. Die Lufthansa richtete 1935 einen Verkehrsflugplatz ein und flog bis 1945 nach Dänemark, Schweden und Norwegen. In der DDR war hier die 4. Flottille der Volksmarine stationiert. Heute sind es die 3. Flottille des Bundesgrenzschutzes und die Schnellboot- und Korvettengeschwader. Zur Hanse Sail kann man den Marinestützpunkt besichtigen und auch Korvette fahren. Sehr wichtig für die Hohe Düne ist der Fährbetrieb nach Warnemünde, im Sommer fahren die Fähren im Viertelstundentakt. 2005 wurde der Yachthafen Hohe Düne mit 750 Liegeplätzen eröffnet. Die Yachthafenresidenz ist ein Fünfsternehotel mit 368 Zimmern und Suiten, eins der besten an der deutschen Küste. Die Wellnessanlage ist gigantisch, das Gourmetrestaurant „Der Butt" unter Matthias Stolze sehr zu empfehlen.

Lotsbetrieb Warnemünde
An der See 14
18119 Rostock-Warnemünde
Tel.: 0381 206730
www.lotsbetrieb.de

Yachthafenresidenz
www.hohe-duene.de

Deutsche Marine
www.marine.de

> Zur Hanse Sail kann man den Marinestützpunkt besichtigen und auch Korvette fahren.

■ Karls Sandwelt am Pier 7

■ Die kleinen roten Erdbeerhäuschen kennt inzwischen jeder

Im Zeichen der Erdbeere

Wer kennt sie nicht, die kleinen roten Erdbeerhäuschen? Dahinter verbergen sich nicht nur saftige Früchtchen, sondern auch eine beispiellose Unternehmergeschichte, die 1992 östlich von Rostock begann. Der 21-jährige Robert Dahl wurde von seinem Vater, einem Obstbauern aus Schleswig-Holstein, nach Mecklenburg geschickt, um eine Erdbeerplantage anzulegen. Ganz zufällig war der Ort nicht gewählt, denn hier hatte sein Opa Karl schon 1921 ein paar Erdbeerfelder. Nach dem Krieg ging die Familie nach Warnsdorf bei Lübeck. Der Vater Karl-Heinz ließ 1989 die ersten roten Erdbeerhäuschen von einem Bootsbauer in Schleswig-Holstein anfertigen. Sohn Robert sollte nun auf 10 Hektar in Rövershagen sein Glück versuchen. Der junge Mann wohnte zunächst in einem DDR-Wohnwagen neben dem Feld. Die erste Ernte fuhr er 1993 ein, seine ersten zehn Erdbeerhäuschen standen am Feldrain. Fünf Jahre später gab es schon fünfzig davon in Berlin. Heute ist „Karls Erlebnishof" mit 550 festen Mitarbeitern und bis zu 3.000 Saisonkräften ein großer Arbeitgeber. Aus dem Erdbeerfeld wurde eine Erlebniswelt. Alles da: Spielplätze, Gaststätten, Kaffeerösterei, Manufaktur und Bauernmarkt. Inzwischen gibt es Ableger auf Rügen, Usedom und bei Potsdam. Am Pier 7, neben dem Kreuzfahrtterminal, betreibt „Karls" neben Café und Manufakturscheune auch die „Warnemünder Sandwelt". Lobend ist die neuste Entwicklung, wo sich Robert Dahl auch um die Nachhaltigkeit seiner Produkte bemüht. Außerdem steht er im Guinnessbuch der Rekorde als Kaffeekannensammler mit derzeit circa 28.000 Stück.

Karls Erlebniswelt
Purkshof 2
18182 Rövershagen
Tel.: 038202 4050
www.karls.de

Pier7
Am Passagierkai 1
18119 Rostock-Warnemünde
Tel.: 0381 6661983

Aus dem Erdbeerfeld wurde eine Erlebniswelt.

■ Graffiti im S-Bahntunnel vor der Warnowwerft

■ Der Eingang zur Warnowwerft in Warnemünde

Der Kran gehört zu Warnemünde

40

Die Geschichte der Warnowwerft wäre einen Roman wert. Wahrzeichen war Jahrzehnte die 310 Meter lange Kabelkrananlage, heute ist es ein blauer Bockkran. 1928 gründeten die Gebrüder Kröger hier eine Yachtwerft. Gleich daneben lagen die Arado Flugzeugwerke. Produzierten sie 1921 noch Wasserflugzeuge, waren es 15 Jahre später schon Bomber wie der „Blitz", eine perfekte Zielscheibe für alliierte Luftangriffe. Fast die Hälfte der Industrieanlagen wurde zerstört. Doch schon im Mai 1945 reparierten die Schiffbauer wieder Fischkutter, um die Versorgung der Sowjetarmee zu sichern. Von 1946 bis 1953 erbrachten sie mehr als 340 Millionen DM Reparationsleistungen. 1948 gründete man den VEB Warnowwerft. Sechs Jahre später hatte sie bereits 9.634 Mitarbeiter. Als erstes Schiff wurde 1951 die Schonerbrigg „Wilhelm Pieck" gebaut, danach riesige Frachter und Containerschiffe in Serie, mit 7.000 bis 15.000 Tonnen. Der Dichter Franz Fühmann beschreibt diese Zeit in „Kabelkran und blauer Peter". 1989 begann für die Schiffbauer eine unsichere Zeit. Als die Treuhand die Werft 1992 verkaufte, arbeiteten noch 5.000 Beschäftigte dort, vier Jahre später nicht mal ein Viertel davon. Subventionen in Milliardenhöhe flossen. Trotzdem war die Firma 1996 insolvent. Ein Werftenkarussell begann, Großbetriebe wurden wie Streichholzschachteln gehandelt. Seit 2009 gehört die Warnowwerft zur Nordic Yards. 250 Beschäftigte arbeiten in dem hochmodernen Unternehmen. Es setzt vor allem auf Offshore-Anlagen für die Öl-, Gas- und Windkraftindustrie, baut aber auch Polarschiffe.

Nordic Yards
Werftallee 10
18119 Rostock-Warnemünde
Tel.: 0381 5100
www.nordicyards.com

250 Beschäftigte arbeiten in dem hochmodernen Unternehmen.

■ Werftkran auf dem ehemaligen Gelände der Neptunwerft

Der Ursprung des Schiffbaus

Die Neptunwerft am heutigen Standort Warnemünde gehört zur Meyer-Neptun-Gruppe. Hier arbeiten rund 500 Beschäftigte, die Flusskreuzfahrt- und Spezialschiffe bauen. Die Werft versteht sich als Erbe der legendären Neptunwerft. 1850 gründete sich die Schiffswerft und Maschinenfabrik von Wilhelm Zeltz und Albrecht Tischbein. 1890 wurde die Firma in die Aktiengesellschaft „Neptun Schiffswerft und Maschinenfabrik" umgewandelt. Während des Zweiten Weltkrieges war die Neptunwerft ein Schwerpunkt der Rüstungsindustrie. Darum wurde das Werk 1942 zum bevorzugten Ziel alliierter Luftangriffe. Nach Kriegsende war die Werft fast völlig zerstört. Sie stand danach sieben Jahre unter sowjetischer Verwaltung. Die ersten Schiffe gingen als Reparationszahlungen an die UdSSR. 1953 wurde sie als VEB Schiffswerft Neptun an die DDR übergeben. Hier arbeiteten bis zu 9.000 Menschen und noch einmal so viele in den Zulieferbetrieben, wie etwa im Dieselmotorenwerk Rostock mit 2.000 Mitarbeitern. Die Neptunwerft fertigte im Gegensatz zur Warnowwerft eher kleinere Schiffstypen: Frachtschiffe bis 5.000 Tonnen, Hebe- und Forschungsschiffe, Feuerlösch- und Lotsenboote sowie Eisenbahnfähren. Nach der Wende wurde die Neptunwerft von der Treuhand an die Bremer Vulkan verkauft. 1992 stellte sie den Schiffsneubau völlig ein. Von 8.162 Mitarbeitern blieben 275 in der 1993 gegründeten Neptun Industrie Rostock GmbH. 1997 kaufte die Meyer Werft aus Papenburg das Unternehmen, seit 2001 wird am neuen Standort produziert. In der Neptunwerft wurden mehr als 1.500 neue Schiffe gebaut.

Neptun Werft GmbH & Co. KG
Werftallee 13
18119 Rostock-Warnemünde
Tel.: 0381 3841010
www.neptunwerft.de

In der Neptunwerft wurden mehr als 1.500 neue Schiffe gebaut.

■ Der Rosenort ist ein romantisches Ziel in der Rostocker Heide

■ Fürst Borwin bewacht den Eingang des Waldes

„Söben Mil' rundüm"

42

Die Rostocker Heide ist der Rest eines riesigen Urwaldes, der einst von Pommern bis zu den Niederlanden führte. Früher sieben Meilen rundum, misst sie heute 6.000 Hektar, ein riesiger Küstenwald mit Mooren und Teichen. Die Stadt Rostock kaufte das Land 1252 vom Fürsten Borwin. Oft hatte die Stadt Mühe, das Jagdrecht gegenüber den Mecklenburgischen Herzögen durchzusetzen. Das Holz für die Hansekoggen wurde in diesem Wald geschlagen. In zahlreichen Köhlereien gewann man Teer und Pech zum Versiegeln. Seit 1996 ist die Rostocker Heide ein Landschaftsschutzgebiet mit gut ausgebautem Wegenetz für Wanderer, Reiter und Radfahrer, hier führt auch der Ostseeküstenradweg entlang. Schön ist ein Ausflug zum Naturschutzgebiet Schnatermann. Das hat allerdings nichts mit Schnattern zu tun. „Schnat" bedeutete im Slawischen „Grenze" und der Schnatermann war der Wächter des Waldbesitzes. Aber schon um 1920 war der Heidegasthof „Schnatermann" ein beliebtes Ausflugsziel. Neben Kaffee und Kuchen gibt es einen interessanten Ausblick auf den Breitling und die Warnemünder Werften. Zurück nach Markgrafenheide geht es auf dem Wasser mit dem Mississippi-Dampfer, natürlich heißt er „Schnatermann", ist knallbunt und Kapitän Reinhard Kammel hat viel zu erzählen, wenn er über den Radelsee schippert. Eine sehr schöne Tour führt auch am Heiligensee und dem Hütelmoor vorbei, hier kann man Reiher und Seeadler beobachten. Ziel ist der „Rosenort", ein stiller Strandabschnitt mit Steilküste und Windflüchtern. In der Ferne schippern die großen Fähren nach Schweden.

Rostocker Heide
östlich von Warnemünde
18146 Rostock-Markgrafenheide

Schnatermann
Hotel & Traditionsgasthof
Schnatermann 1
18146 Rostock-Stuthof
Tel.: 0381 669933
www.der-schnatermann.de

> **Das Holz für die Hansekoggen wurde in diesem Wald geschlagen.**

■ Im Abendlicht leuchtet der Gespensterwald

■ Beliebt bei Spaziergängern, der Weg am Steilufer

Wo die Gespenster wohnen

Ein beliebtes Ausflugsziel ist der sogenannte Gespensterwald am Ostseebad Nienhagen. Es ist ein etwa 100 Hektar großes Waldgebiet aus Buchen, Eichen und Eschen, wobei das Kerngebiet etwa 1.300 Meter an der Steilküste verläuft. Wer hierher kommt, verfällt sofort der Magie des Ortes. Wenn die Abendsonne scheint, glüht der Wald orange, rosa und ziegelrot, zieht einen magisch in die dunkle Tiefe. Bis auf das Rauschen des Meeres ist es dann totenstill. Direkt am Kliff haben sich die Bäume bereits gelichtet. Der salzige und feuchte Seewind hat die bis zu 170 Jahre alten Bäume verformt, die Äste biegen sich weg vom Meer, als wollten sie flüchten. Doch es nützt ihnen nichts, die vorderen Bäume sind bereits dem Tode geweiht. Das Kliff wird irgendwann im Meer verschwinden, Stück für Stück. Die Steilküste ist eine eiszeitliche Ablagerung aus Geschiebemergel und -lehm. Diese Mischung quillt bei längerer Durchfeuchtung auf und das Kliff verliert an Halt, so kommt es immer wieder zu Erdrutschen und Abbrüchen. Die am Strand angehäuften lockeren Sandmassen werden vom Meer weggespült und längs des Ufers nach Osten transportiert. Sie landen schließlich am Strand von Warnemünde, aber auch in Markgrafenheide. Dort wird der Strand immer breiter. Nach starkem Regen, Frost oder Sturm sowie nach Hochwasser wird vom Spazierengehen unmittelbar unter und auf der Steilküste abgeraten. Hält man den nötigen Abstand ein, ist Wandern und Radfahren aber kein Problem, im Gegenteil. Am Steilufer des Gespensterwaldes führt der wunderbare Ostseeradweg E 9 entlang.

Gespensterwald (Nienhäger Holz)
westlich von Nienhagen unmittelbar an der Steilküste
18211 Nienhagen
www.baddoberan.wald-mv.de

> Wer hierher kommt, verfällt sofort der Magie des Ortes.

Wo der Rat tagt

Rathaus Rostock
Neuer Markt 1
18050 Rostock
Tel.: 0381 3810
www.rathaus.
rostock.de

Das rosa Rathaus mit den sieben Türmchen ist der bedeutendste weltliche Bau der Backsteingotik im Ostseeraum. **Sieben ist die Glückszahl von Rostock.** Das Gebäude wurde aus drei parallel stehenden Häusern zusammengefügt. Die ersten Teile gehen auf das Jahr 1250 zurück, um 1500 erfolgte der Anbau einer gotischen Fassadenwand mit glasierten Kacheln. 1727 wurde nach Plänen von Zacharias Voigt ein barocker Vorbau mit den Kolonnaden davorgesetzt. Später wurde das Ensemble mehrfach umgebaut und erweitert. Seit 1998 ziert eine Schlangenplastik von Erhard John eine der Säulen. Sie steht für Weisheit aber auch für Doppelzüngigkeit.

Das Rathaus ist eins der Wahrzeichen von Rostock

Das Zentrum der Stadt

Hier traf man sich im Mittelalter und hier trifft man sich noch heute. Der Neue Markt ist das Zentrum von Rostock. In den prächtigen Giebelhäusern, die den großen Platz ganz umschlossen, wohnten die reichen Patrizier. Auf der Ostseite steht das Rathaus. In den Bombennächten 1942 wurde die Südseite des Platzes komplett und die Nordseite bis auf drei Häuser zerstört, sie wurden 1959 abgerissen. Die ältesten Giebelhäuser sind die Ratsapotheke und das Restaurant „Burwitz legendär" auf der Westseite. Seit 1881 fährt die Straßenbahn über den Platz. Im Rathaus wird gerade wieder eine Rundumbebauung geplant. Man darf also gespannt sein.

Neuer Markt
18055 Rostock

Hansestadt Rostock
Informationsstelle
Hinter dem
Rathaus 4
18050 Rostock
Tel.: 0381 3811417
www.rathaus.
rostock.de

Der Neue Markt lädt zum Verweilen ein

46 Prächtige Giebelhäuser

Führungen durch Rostocks historisches Stadtzentrum
Universitätsplatz 6
18055 Rostock
Tel.: 0381 3812222
www.rostock.de

Die vielen farbenfrohen Giebelhäuser sind das Schönste in der Hansestadt. Einfache Treppengiebel entstanden zuerst aus praktischen Gründen. Bei der Backsteinbauweise versuchte man, senk- und waagerechte Flächen gerade abzuschließen. Später wurden diese Abschlüsse auch mit Ornamenten verziert. **Viele Häuser haben Giebelschmuck wie handgeschmiedete Wetterfahnen oder Kugeln.** Sehenswert sind das Walldiener- und das Kerkhoffhaus hinter dem Rathaus sowie das Haus Ratschow in der Kröpeliner Straße Nr. 82. Sie stammen bereits aus dem 15. Jahrhundert. Ein Nachbau von 1960, aber ursprünglich auch so alt, ist die Alte Münze am Ziegenmarkt.

Das Kerkhoffhaus hat einen typischen Backsteingiebel

Die alte Stadt

Die Östliche Altstadt erhielt bereits 1218 Stadtrecht und ist der älteste Stadtteil von Rostock. Reizvoll sind vor allem die vielen kleinen Geschäfte, Restaurants und Cafés. **Ein schöner Rundgang beginnt an der Straße Amberg.** Es geht an sanierten Speichern vorbei, hoch zum Alten Markt und der Petrikirche. Dann folgt man der Wollenweber- oder der Altschmiedestraße bis hin zur Nikolaikirche. An der Straße „Am Wendländer Schilde" sieht man die „Raumklammer", eine neu gestaltete Fußgängerbrücke. Von dort geht es auf den Beginenberg oder durch das Kuhtor. Ein Spaziergang entlang der östlichen Stadtmauer ist ebenfalls interessant.

Verein zur Förderung der Östlichen Altstadt e. V.
Bei der Nikolaikirche 5
18055 Hansestadt Rostock
Tel.: 0381 452979
www.oestliche-altstadt.de

Restaurierter Speicher in der Östlichen Altstadt, nahe am Hafen

Ein mystisches Wesen

Hansestadt Rostock
Informationsstelle
Hinter dem
Rathaus 4
18050 Rostock
Tel.: 0381 3811417
www.rathaus.
rostock.de

Der Greif ist Rostocks Wappentier. Im Stadtbild begegnet man ihm häufig. Dieses mystische Mischwesen aus Adler und Löwe erschien erstmals in der persischen Mythologie. Man vermutet heute, dass einst Goldgräber in Mittelasien auf die recht häufigen Skelette der Protoceratops stießen. Diese Saurier regten die Fantasie an, man verlieh ihnen Flügel und Federn, nannte sie Goldwächter. **Der Greif symbolisiert Sehkraft, Klugheit und Wehrhaftigkeit.** Im Orient gab es riesige Statuen dieses Wesens. Der Rostocker Fürst Borwin I. führte 1250 bereits den Greif in seinem Siegel. Großherzog Friedrich Franz II. machte ein Wappen daraus.

■ Der Greif ist das Wappentier der Rostocker

Kirche mal anders

Es steht ein Gerüst am Turm. Dieses Gotteshaus scheint eine ewige Baustelle zu sein und Gottesdienste finden hier auch nicht mehr statt. Doch halt, der äußere Schein trügt. Die Nikolaikirche ist lebendig, veranstaltet Ausstellungen, Konzerte und Vorträge. Im Turm sind Büros und unterm Dach gibt es sogar 22 Wohnungen. Der Bau begann 1230, die Weihe war aber erst 1257. **Die Nikolaikirche ist die älteste gotische Hallenkirche im Ostseeraum.** Sie gehört zur Evangelisch-Lutherischen Innenstadtgemeinde. 1942 wurde die Nikolaikirche bei einem Bombenangriff fast völlig zerstört und erst ab 1976 Stück für Stück wiederaufgebaut.

Kirchliches Zentrum
Nikolaikirche
Rostock
Bei der Nikolaikirche 1
18055 Rostock
Tel.: 0381 4934115
www.nikolaikirche-rostock.de

An der Nikolaikirche wird wieder einmal gebaut

50 Bon appétit!

Albert & Emile
Altschmiede-
straße 28
18055 Rostock
Tel.: 0381 4934373
www.albert-emile.de

In einem der ältesten Häuser findet man das sinnliche Restaurant „Albert & Emilie". Der Name komme von zwei befreundeten Winzern aus St. Ferme, erzählt Chef Frank Reinshagen. Er ist ein leidenschaftlicher Koch, der seinen Stil „französisch aufgenordet" nennt. „Fronk" begrüßt jeden Gast persönlich und kocht auch mal das, was seine Besucher sich spontan wünschen. Sein Vorbild ist das französische Bistro, die Produkte sind durchweg regional, außerdem folgt er den Prinzipien des Slow Food. An den Wänden hängt moderne Kunst, der Steinfußboden ist noch aus dem 17. Jahrhundert. Alles ist gemütlich, fast privat, und doch voller Anspruch.

■ Frank Reinshagen zaubert französische Bistroküche

Brennende Steine

Schon mit zwölf Jahren fuhr Silke Herloff mit ihren Eltern auf den Darß. Ein Besuch im Bernsteinmuseum in Ribnitz machte die Eltern neugierig. **Das Bernsteinsammeln wurde zum Familienhobby.** 1993 kauften sie einen Fischkutter am Alten Strom und verkauften dort selbst gemachten Schmuck. Silke studierte Kunstpädagogik und eröffnete 1996 mit ihrem Bruder das Bernsteinhaus in der Östlichen Altstadt. Sie entwerfen eigene Kollektionen, fassen die kostbaren Steine in Gold oder Silber, verzieren sie mit Korallen oder Brillanten, je nach Kundenwunsch. Der kleine Laden ist inzwischen auch ein beliebter Treffpunkt für Künstler.

Bernsteinhaus-Rostock
18055 Rostock
Wollenweberstraße 46
Tel.: 0381 4900370
www.bernsteinwerkstatt.de

Silke Herloff verarbeitet selbst gesammelten Bernstein zu Schmuck

52 Gegen den Strich

Café A Rebours
Am Wendländer Schilde 5
18055 Rostock
Tel.: 0381 1276216
www.cafe-arebours.de

Cafébesitzer Robert steht nicht gern in der Öffentlichkeit, aber nun ist sein Café, direkt vor der Nikolaikirche, doch ein Geheimtipp geworden. Der gelernte Kaufmann nannte es „A Rebours", was so viel heißt wie „Gegen den Strich". Die Einrichtung mit alten Möbeln, Antiquitäten und vielen Pflanzen ist gemütlich und kreativ. **Man fühlt sich sofort wohl.** Am Wochenende gibt es Frühstück für fünf Euro, mittags ein Tagesgericht und nachmittags locken die feinen Torten. Die Schoko-Mississippi-Torte mit viel Schokoladencreme ist legendär, sie muss immer da sein. Abends gibt es Flammkuchen, Tapas oder gebackenen Schafskäse.

Kaffeehauskultur „Gegen den Strich"

Der Wehrturm

53

Der Lagebuschturm ist der letzte noch erhaltene Wehrturm der Rostocker Stadtbefestigung. Vorher stand dort bereits ein höherer Turm. **Dort wartete 1492 der Steinmetz Heinrich Runge auf seine Hinrichtung.** Er war Anführer der aufständischen Handwerker bei der sogenannten Domfehde, die eigentlich von Herzog Magnus II. angezettelt wurde, um einen Domstift zu gründen und so an Geld zu kommen. Die Fehde weitete sich zum Bürgerkrieg aus. Der Turm wurde 1566 auf Befehl Johann Albrechts I. geschleift. Zehn Jahre später errichtete man auf dem Fundament den achteckigen Geschützturm im Stil der niederländischen Renaissance mit vier Geschossen.

Lagebuschturm
Hinter der Mauer
18055 Rostock

Gut erhalten ist der Lagebuschturm

Ein Tor für die Kühe

Kuhtor
Beim Kuhtor
18055 Rostock

Hausbesichtigungen
Tel.: 0381 20389904
www.straube-mb.de

Das älteste Gebäude Rostocks ist das Kuhtor. Bereits 1262 wurde der älteste Torturm Norddeutschlands erwähnt. Einst war es das Haupttor nach Süden. Durch die Verlegung der Verkehrswege zum Steintor wurde das Tor aber bereits im Mittelalter bedeutungslos und man trieb hier nur noch die Kühe auf die Weiden vor der Stadt. Bald nannte man es das „Kuhtor". Es wurde im frühgotischen Stil erbaut, hat insgesamt vier Geschosses und ist acht mal neun Meter breit. Das Kuhtor diente als Gefängnis und als Wohnhaus, zeitweise war die Feldseite zugemauert. Heute ist es Sitz eines Unternehmens für Konfliktlösungen, nach Vereinbarung zu besichtigen.

■ Durch das Kuhtor trieb man früher das Vieh auf die Wiesen

Medien zwischen Masse und Klasse

Die „Ostseezeitung" mit Sitz in Rostock ist die größte regionale Tageszeitung in Mecklenburg-Vorpommern mit 400 Mitarbeitern. **Die Zeitung hat eine Auflage von rund 140.000 Exemplaren und wurde 1952 gegründet.** Seit 2009 gehört sie zur Madsack Verlagsgesellschaft Hannover. Obwohl das Blatt lokal sehr gute Qualität abliefert, passt der überregionale Mantelteil aus Niedersachsen oft nicht dazu. Allerdings hat dieses Problem nicht nur die „Ostseezeitung". Spannende Lektüre bieten auch engagierte Internetportale wie „Das ist Rostock" oder „Der Warnemünder", auch als Heft. Lokal stark sind ferner die „Norddeutschen Neusten Nachrichten".

www.ostsee-zeitung.de
www.das-ist-rostock.de
www.der-warnemuender.de
www.nnn.de

Die Ostseezeitung wird heute nur noch zum Teil in Rostock gemacht

56 Wo die Stände tagten

Oberlandesgericht Rostock
Wallstraße 3
18055 Rostock
Tel.: 0381 3310
www.mv-justiz.de

Es ist vielleicht das interessanteste Gebäude der Hansestadt. Das ehemalige Ständehaus wurde von 1889 bis 1893 als neogotischer Monumentalbau im Stil des Historismus erbaut. Architekt war Hofbaurat Gotthilf Ludwig Möckel. An der Fassade sieht man die Mecklenburgischen Herzöge: Johann Albrecht I., Friedrich Franz II., Großherzog Georg und Christian Ludwig II. Das rote Backsteingebäude blieb im Zweiten Weltkrieg unbeschädigt, weshalb man heute das beeindruckende Treppenhaus mit dem großen Lichthof bewundern kann. Sehenswert ist auch der mit Holz getäfelte Sitzungssaal. 25 Jahre tagten hier die Stände. Seit 1992 ist es Oberlandesgericht.

■ Das Ständehaus steht in einer Reihe mit dem Steintor und dem Lagebuschturm

Alles fließt!

„Die Trinkende" ist die begehrteste Brunnenfigur Rostocks. Sie steht am Eingang der östlichen Wallanlagen und wurde bereits zwei Mal gestohlen. Eine alte Rostocker Legende inspirierte 1922 den Bildhauer Victor Seifert. **Eine verzauberte Prinzessin soll mitsamt ihrem Schloss in der nahen „Düwelskuhl" versunken sein.** Diese Teufelskuhle ist ein sehr tiefer Weiher, die mit dem Meer verbunden sei. Jedes Jahr am Johannistag erscheint auf seiner Oberfläche eine silberne Schüssel; wenn die Prinzessin daraus trinkt, wird sie erlöst. Doch bis dahin sei sie verdammt. In der DDR nannte man die Figur zeitweise „Die Trinkerin".

Die Trinkende
An den Wallanlagen
18055 Rostock

„Die Trinkende", Statue von Victor Seifert

Auf Rosen gebettet

Rosengarten
zwischen Steintor und Schwaanscher Straße
18055 Rostock

Schützten im Mittelalter noch dicke Mauern vor Eindringlingen, veränderte sich diese Situation durch modernes Kriegsgerät. 1832 trug man die Festungsanlagen zwischen Steintor und Kröpeliner Straße ab, der Wallgraben wurde zugeschüttet. Der 1836 gegründete Rostocker Verschönerungsverein nahm sich der Sache an und legte ab 1860 nach Plänen des Stadtgärtners Joachim Wilcken einen Rosengarten an. **Eine grüne Oase inmitten der Stadt.** In der Mitte steht ein runder Springbrunnen aus Naturstein mit 16 Fontänen, 1938 von Ernst Wossidlo entworfen. Die Büste des Afrikaforschers Paul Pogge am westlichen Eingang hat Jo Jastram gestaltet.

■ Der Rosengarten lädt zum Entspannen ein

Zentrum des Buchdrucks

59

1488 weihten die „Brüder des gemeinsamen Lebens" ihr Fraterhaus, St. Michaelis, ein. Bereits seit 1476 druckten sie mit beweglichen Lettern. Rostock wurde ein bedeutendes Zentrum des Buchdrucks im norddeutschen Raum. Bis 1533 entstanden sechzig Drucke, davon 27 Inkunabeln. Doch das Fraterhaus wurde wie alle Klöster von der Stadt geschlossen. Ab 1560 gehörte es der Universität, diente als Studentenwohnheim, Hörsaal, später war es städtisches Zeughaus, Speicher und Wolllager, Umspannwerk und Wagenlager der Müllabfuhr. Heute ist im Ostflügel die Evangelisch-methodistische Gemeinde untergebracht, im Westteil die Universitätsbibliothek.

St. Michaeliskirche
Altbettelmönchstraße 3
18055 Rostock
Tel.: 038203 648864
www.emk-rostock.de

UB Rostock
18055 Rostock
Altbettelmönchstraße 4
Tel.: 0381 4988754
www.ub.uni-rostock.de

Das Michaeliskloster war einst ein wichtiges Zentrum der Buchkunst

Romantisch unterm Apfelbaum

Café Kloster
Klosterhof 6
18055 Rostock
Tel.: 0381 3757950
www.wfbm-rowe.de/
angebote_leistungen/
cafekloster.php

Dieses hübsche Café befindet sich in einem der ältesten Häuser der Klosteranlage. Es wurde um 1700 erbaut, bereits im Vorraum beeindruckt die barocke Ausstattung. Drin wirkt es wie eine gemütliche Puppenstube, draußen sitzt man schön romantisch unterm Apfelbaum. Es gibt viele Köstlichkeiten wie Hefeklöße mit heißen Kirschen, Flamm- oder Blechkuchen. **Ein Geheimtipp sind die Waffeln aus eigener Herstellung, frisch, goldgelb und schön knusprig.** Das Café wird von den Rostocker DRK-Werkstätten betrieben und bietet Menschen mit Behinderung einen Arbeitsplatz. Die Bedienung ist sehr freundlich, man spürt: Hier steckt viel Herzblut drin.

■ Frische Waffeln sind eine Spezialität im Klostercafé

Mit dem Großsegler über die Ostsee

61

Wer träumt nicht davon? Einmal mit einem Segelschiff wie vor 200 Jahren über die Weltmeere fahren. Mit dem 1951 gebauten Dreimaster „Santa Barbara Anna" kann dieser Traum schnell wahr werden. Es ist der einzige Großsegler im Heimathafen Rostock. Das Schiff ist 44 Meter lang und hat 14 Segel. **Joey Kelly benannte das Schiff nach seiner verstorbenen Mutter Barbara-Ann.** Der Musiker ist der Eigner des Schiffes, lässt aber den Betreibern vom Bramschot e. V. freie Hand. Die Crew um Skipper Gerd Simonn sorgt dafür, dass der Bramsegler im Sommer recht oft auf der Ostsee unterwegs ist. Unter Deck gibt es zwanzig Kabinen für fünfzig Personen.

Santa Barbara Anna
Alter Hafen Nord 325
18069 Rostock
Tel.: 0152 33815675
www.santa-barbara-anna.de

Kapitän der „Santa Barbara Anna" ist Gerd Simonn

Ein Hafen in der Stadt

Rostocker Stadthafen
am südlichen Ufer der Unterwarnow
18055 Rostock

www.hafenrundfahrten-in-rostock.de
www.marina-rostock.de
www.speedsailing.de

Der Stadthafen war einst die Wiege der Hansestadt. Er war einmal der bedeutendste Hafen der Ostsee. Heute sorgt er eher für gemischte Gefühle. Im Sommer trifft sich hier die Jugend zum Grillen, das Bier bringen sie selbst mit. Was anderntags bleibt, sind Müllberge. Wo früher die Hansekoggen anlegten, führten lange Stege ins Wasser. Träger rollten Fässer, schleppten Säcke in die nahen Speicher, aus ihnen wurden inzwischen Büros. Am Hafen entstanden neue Restaurants und Cafés. Sehenswert sind die historischen Kräne auf der Haedgehalbinsel, dahinter starten die Hafenrundfahrten, gleich daneben ist die Marina mit den Speedsailing-Booten.

Der Stadthafen Rostock ist ein beliebter Treffpunkt am Abend

Schmeiß das Stöckchen!

Wenn junge Leute im Rostocker Stadthafen mit Stöckchen werfen, dann spielen sie nicht mit ihrem Wauwau, sondern „Kubb". Das alte Wikingerspiel kannte man in Schweden schon vor zweitausend Jahren. Inzwischen erfreut es sich in Rostock großer Beliebtheit. Das Wort „Kubb", ausgesprochen „köpp", heißt im Schwedischen „Holzklotz". Dieser steht als König in der Mitte und soll von zwei Teams, die sich gegenüberstehen, mit Rundhölzern umgeworfen werden, ebenso wie eine Reihe kleinerer Holzklötzer, die eine symbolische Grenze des jeweiligen Teams bilden. Wer zuerst die gegnerischen Klötzchen und den König umgehauen hat, ist der Sieger.

Am Stadthafen
18055 Rostock

Kubb spielen im Stadthafen

64 Schiffe aus Schokolade

Schokoladerie de Prie
Rostocker Schokoladenmanufaktur und Patisserie
Warnowufer 59
18055 Rostock
Tel.: 0381 3759954
www.schokoladerie.com

An die dreißig Tonnen Schokolade verarbeitet die „Schokoladerie de Prie" pro Jahr. Natürlich dürfen da maritime Motive nicht fehlen. **Ein beliebtes Mitbringsel ist der Leuchtturm von Warnemünde.** Chef Ullrich Deprie ist einer der erfolgreichsten Gründer von Rostock, inzwischen hat er mehrere Geschäfte und Cafés. Im Stammhaus am Warnowufer kann man die große Sorgfalt seiner Mitarbeiter in der gläsernen Schokoladenmanufaktur beobachten. Mehr als siebzig Sorten Trüffel stellen sie her. Für Interessierte gibt es jedes Wochenende Schokoladen- oder Marzipanseminare. Ob kleine Nixe, Piratenschiff oder Riesenfisch, alles darf man vernaschen.

■ Die besten Schokoladen gibt es bei „de Prie"

Rostocker Ring

In einer alten Handwerkerstraße am Stadthafen liegt die kleine Werkstatt von Anette Klook. Die Goldschmiedemeisterin ist die Erfinderin des Stadtrings. 2003 kam ihr die Idee, als sie in Gehlsdorf am Ufer der Warnow stand, da reihten sich die Motive aneinander: die Marien- und die Petrikirche, das Haus der Schifffahrt, das Kröpeliner und das Steintor. Jeder Ring wird individuell in Handarbeit gefertigt. Inzwischen gibt es mehr als achtzig verschiedene Stadtringe, auch für Berlin, Paris oder Rom. Es ist ein sehr emotionaler Schmuck, den man sich auch ganz individuell mit Wunschmotiven anfertigen lassen kann, in Gold oder Silber.

Anette Klook
Goldschmiedemeisterin
Wokrenterstraße 34
18055 Rostock
Tel.: 0381 5108620
www.rostock-schmuck.de

Goldschmiedemeisterin Annette Klook

"Wer bimmelt, möt ne Lag betahlen!"

Zur Kogge
Wokrenterstraße 27
Tel.: 0381 4934493
www.zur-kogge.de

Wie viel Seemannsgarn in der „Kogge" schon gesponnen wurde, kann keiner mehr sagen, aber wer die Glocke bimmelt zahlt 'ne Lage. Schon 1856 stand die maritime Kneipe als „Stadt Hamburg" im Adressbuch. Danach hatte sie viele Namen: Schifferhus, Tusculum, ab 1945 „Zur Kogge". **Beliebt war sie bei Seemännern aus aller Welt.** Nach dem Umbau des schönen Giebelhauses 1983 blieb die hundertjährige Einrichtung erhalten. Von der Decke hängen Schiffsmodelle, über dem Tresen ein Kugelfisch und die holzgetäfelten Wände schmücken Rettungsringe von Schiffen, die längst untergegangen sind. Natürlich gibt es auch Labskaus und Rostocker Bier.

■ Traditionsrestaurant „Die Kogge" mit toller Ausstattung

Schöne Aussichten

Gehlsdorf ist ein Stadtteil von Rostock am östlichen Ufer der Unterwarnow. Zunächst war es ein Villenort für Kapitäne mit Altersruhesitz. 1851 wurde dort die Evangelische Stiftung Michaelshof gegründet. 1896 folgte unweit davon die Nervenheilanstalt, heute die Universitätsklinik für Neurologie. Der Volksmund hatte schnell ein paar schräge Namen für den Ort. Trotzdem wohnt man gerne dort, es gibt sogar eine Fähre. **Ein malerischer Uferweg bietet den schönsten Blick auf Rostock.** Als Ausflugsziel ist das „Alte Fährhaus" beliebt; ringsum liegen viele Yacht- und Segelclubs sowie die Tamsen-Maritim-Werft, sie hat neunzig Mitarbeiter.

Hotel Zum Alten Fährhaus
Fährberg 1
18147 Rostock
Tel.: 0381 66919724
www.faehrhaus-rostock.de

Tamsen Maritim GmbH
Maritimstraße 1
18147 Rostock
Tel.: 0381 65810
www.tamsen-maritim.de

Blick auf Rostock vom Gehlsdorfer Ufer aus

68 Mild gehopft!

Brauereiführung in der Hanseatischen Brauerei Rostock
Doberaner Straße 27
18057 Rostock
Tel.: 0381 456450
www.rostocker.de

Unter dem Motto „Die Legende lebt" führte die Hanseatische Brauerei gerade wieder das Traditionsbier „M&O" ein. Es wird aus 100 Prozent Aromahopfen hergestellt. Benannt wurde es nach der Brauereigründern Georg Mahn und Friedrich Ohlerich, zwei jungen Männern, die als Quereinsteiger im Jahre 1878 die Julius Meyersche Bierbrauerei kauften. Bald waren sie die erfolgreichsten Bierbrauer Mecklenburgs. Am gleichen Standort wird nun seit mehr als 130 Jahren Bier gebraut. Die Rostocker Bierbrauer erhielten mehrfach Goldmedaillen für das Rostocker Pils, Rostocker Lemon und das Bock hell. Bei „M&O" wird man da nicht lange warten müssen: Es schmeckt!

Hansa Brauerei am traditionellen Standort

Der F. C. Hansa und sein Stadion

Soll man über Fußball in Rostock sprechen? Momentan spielt der Fußballverein Hansa Rostock in der 3. Liga. Eigentlich kann man die Fans nur bewundern, dass sie dieses auf und ab, den häufigen Trainerwechsel, dieses Wellental von der 1. Bundesliga zur 2., wieder zurück und dann runter bis zur 3. überhaupt mitmachen. O ja, Hansa-Fans sind treu, aber sie sind nicht immer lieb. Reden wir also lieber vom Ostseestadion. Schön, dass es den Namen wieder trägt. Es befindet sich im Hansaviertel, wurde 1954 mithilfe des Nationalen Aufbauwerkes in 230.000 freiwilligen Arbeitsstunden errichtet, im Jahre 2000 saniert und hat 29.000 Plätze.

FC Hansa Rostock e. V.
Trotzenburger Weg 14
18057 Rostock
Tel.: 0381 499990
www.fc-hansa.de

Ostseestadion
Kopernikusstraße 17
18057 Rostock
Anmeldung: Stadionführung
Tel.: 0381 4999917
www.dkb-arena.de

Das Ostseestadion ist die Heimat vom FC Hansa Rostock

70 Schleck dich glücklich!

Eiswerkstatt
Kröpeliner Straße 18/Hopfenmarkt
18055 Rostock
Tel.: 0381 87722533
www.eiswerkstatt-rostock.de

Wer im Osten groß geworden ist, kennt das typische Brummen einer ILKA-Softeismaschine. Aber vor allem erinnert man sich an den cremig-kühlen Geschmack und das spitze Häubchen. Heute zieht es die Leckermäuler wieder auf den Hopfenmarkt. Hier haben Sven Kruse und Felix Rehberg die „Eiswerkstatt" eröffnet, wo es original DDR-Softeis und Frozen Yogurt gibt. Viele sagen: „Es ist das beste Eis von Rostock." Auch wegen der selbst gemachten Toppings wie Brownies, Choco Crossies oder Erdbeersoße. Beim Fruchtsofteis wechseln täglich die Sorten wie Kirsch, Mango oder Erdbeere, alles selbstverständlich ohne künstliche Zusatzstoffe.

■ Angesagter Laden: die „Eiswerkstatt" am Hopfenmarkt

Ein schöner Park für die ganze Familie

Der IGA-Park in Rostock Schmarl ist 100 Hektar groß und wurde anlässlich der Internationalen Gartenbauausstellung 2003 eröffnet. Der IGA-Park hatte innerhalb des ersten Jahres 2,6 Millionen Besucher und ist auch heute noch sehr beliebt. Es gibt sechs wunderschöne Landesgärten, eine Open-Air-Bühne und das Schifffahrtsmuseum. **Am Ufer der Warnow wurde ein Sandstrand aufgeschüttet, hier sitzt man gemütlich im Strandkorb.** Allerlei Kunstwerke wie eine riesige Neptunstatue sind zu bestaunen. Für Kinder sind zahlreiche Spielplätze vorhanden und Gastronomie findet man im „Freibeuter" des Mecklenburger Hallenhauses und im Weidendom.

IGA-Park
Schmarl-Dorf 40
18106 Rostock
Tel.: 0381 12831300
www.iga-park-rostock.de

Der IGA-Park hat einen eigenen Strand

72 Der Palast des dänischen Königs

Tourismuszentrale Rostock Warnemünde
Am Strom 59 (Ecke Kirchenstraße)
18119 Rostock-Warnemünde
Tel.: 0381 3812222
www.rostock.de

Die Warnemünder Vogtei ist das älteste Haus im Seebad und steht anders als die anderen quer zum Strom. Es wurde vom dänischen König als Palast erbaut und sollte Stärke zeigen. Später setzte die Stadt Rostock einen Vogt in das Haus, um die Warnemünder und den Seeweg zu kontrollieren. Dementsprechend unbeliebt war die Vogtei und man demonstrierte mit dem „Ümgang". Bei Sanierungsarbeiten 1990 wurde ermittelt, dass die Grundmauern bereits um 1300 entstanden, entgegen der Jahreszahl 1605 an der Fassade und auf dem Rostocker Wappen. Heute beherbergt das Haus die Tourismuszentrale von Rostock und Warnemünde sowie ein Standesamt.

In der alten Vogtei sitzt heute die Touristeninformation

Vör- und Achterreeg

73

Die ersten Häuser „Am Strom" wurden bereits 1623 erwähnt, sie standen dicht an dicht nebeneinander. Die Eingänge zeigten nach Osten zur Warnow. Das Bauland war knapp und als die erste Reihe rasch voll war, nannte man sie „Vörreeg" (Vorderreihe) und baute gleich dahinter eine zweite, das „Achterreeg" (die Hinterreihe), die heutige Alexandrinenstraße. **Es ist die schönste Straße von Warnemünde.** Verbunden sind beide durch winzige Querstraßen, früher auch Tüschen genannte. Von vorn wirken die Häuser eher schmal, nach hinten gibt es aber bis zu 18mal mehr Platz. Der Anbau einer Glasveranda kam erst später, mit Beginn des Badetourismus.

Vörreeg
Am Strom
Achterreeg
Alexandrinenstraße
18119 Rostock-Warnemünde

Die Alexandrinenstraße ist das Achterreeg

74 Die Historie von Warnemünde

Heimatmuseum Warnemünde
Alexandrinenstraße 31
18119 Rostock-Warnemünde
Tel.: 0381 52667
www.heimat
museum-warne
muende.de

Unterhaltsam ist der Besuch des Heimatmuseums, in einem typischen Giebelhaus von 1769, erhalten mit „Vörstuw", „Deel", „Kök" und „Achterstuw". Ein kleiner Museumsverein kümmert sich liebevoll darum, bewahrt die hübsche Ausstellung trotz der beständigen Geldknappheit der öffentlichen Hand. Erzählt wird von einem Seebad, das nie fein sein wollte, von Seeleuten, Fischern und Badegästen. Da sind Grabsteine von jungen Kapitänen, Utensilien der Seenotrettung, der Nachlass von Horst Köbbert, dem berühmtesten Shantysinger der DDR mit seiner Sendung „Klock 8, achtern Strom". Auch die wichtigste Erfindung: der Strandkorb, fehlt da nicht.

■ Im Heimatmuseum Warnemünde gibt es manch Interessantes zu entdecken

Die guten Seelen des Seebades

Der Warnemünder Verein wurde 1990 gegründet und hat mehr als 170 Mitglieder. Mit viel Engagement, Humor und Fleiß sorgt man nicht nur für die Bewahrung liebenswerter Traditionen. Die Stimme der Mitglieder zählt auch vor Ort. **Ohne den Verein läuft nichts in Warnemünde.** Integriert sind Chöre, Trachten- oder Lesegruppen. Großveranstaltungen wie der „Niege Ümgang" und das Stromerwachen werden ehrenamtlich organisiert. Außerdem gibt man einen schönen Stadtplan heraus. Unter dem Motto „Warnemünde soll schöner werden" finden jährlich Pflanzaktionen statt. All das wird mit so viel Herzblut gemacht, dass man andernorts nur davon träumt.

Gemeinnütziger Verein für Warnemünde e.V.
Alexandrinenstraße 119 a
18119 Rostock-Warnemünde
Tel.: 0381 5480018
www.warnemuende-verein.de

Ingeborg Regenthal ist die Managerin des „Niegen Ümgangs"

76 Traditionsbewahrer

Warnermünder Trachtengruppe
Am Strom 28
18119 Rostock-Warnemünde
Tel.: 0381 54217
www.warne
muender-trachten
gruppe.de

Einmal pro Woche trifft sich die Warnemünder Trachtengruppe – und das seit 1976. **Die Mitglieder pflegen Brauchtum, Volkstänze und die niederdeutsche Sprache.** Die Trachten von 1840 sind originalgetreu nachgeschneidert. Dargestellt werden wichtige Warnemünder Figuren wie die Öllermänner (Bürgervertreter), der Wuurdholler (Vorstand) oder der Hegediener (Helfer des Vogts) sowie der Tiedingsbringer (Nachrichtenüberbringer) oder das Brautpaar. Sie sind die Hauptfiguren des „Niegen Ümgangs". Der Verein organisiert auch das Trachtentreffen während der „Warnemünder Woche" mit Gäste aus Mecklenburg-Vorpommern und Schleswig-Holstein.

■ Der Warnemünder Trachtenverein mit dem Tidingsbringer

Der Grund, der meinen Anker ewig hält

Die Evangelisch-Lutherische Pfarrkirche steht im Herzen von Warnemünde und beherbergt eine lebendige Gemeinde. Der Chor hat mindestens 150 Sänger. In dem offenen Haus herrscht besonders im Sommer reger Betrieb. Es gibt sogar eine Freitagsandacht für Kreuzfahrttouristen. Ein Gotteshaus als Ankerplatz. 1866 bis 1871 als neogotische Kirche errichtet, gab es mehrere Vorgängerbauten, die bis ins 13. Jahrhundert nachweisbar sind. Sehenswert ist der gotische Schnitzaltar von 1475, eine 3,72 Meter hohe Holzfigur des Christophorus sowie eine Sammlung alter Hausmarken, Besitzzeichen der Schiffer und Fischer. Sehr hübsch sind die Votivschiffe.

Warnemünder Kirche
Kirchenplatz 1
18119 Warnemünde
Tel.: 0381 3755967
www.ev-luth-kirch
gemeinde-warne
muende.de

Die Warnemünder Pfarrkirche steht am Marktplatz

78 Wellenbrecher und Wegweiser

Westmole
18119 Rostock-Warnemünde

Ein Spaziergang auf der Westmole ist Pflicht bei jedem Besuch. Früher war hier das Ende der Welt. Sehnsuchtsvoll sah man den Fähren nach. Jetzt ist das anderes. Schauen macht Spaß und es sind viel mehr Schiffe zu sehen. **Die Westmole ist 541 Meter lang.** Sie bricht die Wellen, verbreitert den Sandstrand und sorgt für eine sichere Einfahrt. Seit 1998 blinkt am Ende ein grünes, 14 Meter hohes Leuchtfeuer. Bereits im 16. Jahrhundert gab es einen 320 Meter langen Steindamm, seit 1903 eine Mole auf der heutigen Länge. Traditionell gehen die Rostocker zu Silvester auf die Westmole, hier ist der beste Ort für Abschied und einen Neuanfang.

Ein Spaziergang auf der Westmole gehört immer dazu

Tee trinken im Pott

Das Duo Leuchtturm und Teepott ist wohl das beliebteste Fotomotiv von Warnemünde. Schon von 1927 bis 1945 stand hier auf dem Fundament ein Teepavillon, der wegen seiner runden Form im Volksmund „Teepott" hieß. 1968 entstand der Neubau von Ulrich Müther. **Anders als sein Vorbild, die Westberliner Kongresshalle, hält Müthers Dachkonstruktion mit der Paraboloidschale bis heute.** Nach der Wende gab es viele Jahre Leerstand, wie so häufig hatte sich der neue Besitzer verspekuliert. Nach umfangreicher Sanierung, innen mit vielerlei baulichen Veränderungen, wurde der Teepott 2002 mit Restaurants, Bäckerei und Souvenirshop wiedereröffnet.

Teepott-Restaurant
Seepromenade 1
18119 Rostock-Warnemünde
Tel.: 0381 5484588
www.teepott-restaurant.de

Im Teepott ist eine Tasse Tee immer zu haben

Grande Balla-Balla am Strand

Sportarena
www.warne
muender-woche.com

Active Beach
www.rostock.de/
active-beach.html

Immer beliebter werden die sportlichen Aktivitäten am Strand. Während der „Warnemünder Woche" ist eine 2.400 m² große Sportarena aufgebaut. Hier finden Beachhandball-, Kubb- sowie Lacrosse-Turniere statt. Es gibt jede Menge Sportpartys, Beachyoga und Mitmachaction. Danach geht's weiter mit dem 7.500 m² großen Active Beach der AOK mit Beachsoccer, Beachhand- und -volleyball, Beachminton und -basketball. **Für nur zwei Euro kann jeder den ganzen Tag Sport machen.** Bälle und Sportgeräte können gegen ein Pfand ausgeliehen werden. Kostenfrei sind Qi-Gong- und Yogakurse. Sportkurse unter Anleitung von Profis kosten ab dreißig Euro.

■ Während der „Warnemünder Woche" wird Strandhandball gespielt

Hart am Wind

Vor Warnemünde liegt das schönste Segelrevier Deutschlands. **Gut verteilte Winde und geringe Strömungen sorgen für ideale Bedingungen.** Segler finden zudem auf der Mittelmole eine gute Versorgung. Der Warnemünder Segel-Club e. V., seit 1925 vor Ort, und der „Akademische SegelVerein" (ASVW) organisieren gemeinsam die nationalen und internationalen Wettkämpfe zur „Warnemünder Woche". Ein weiterer Verein sind die Warnemünder Kuttersegler. Im ASVW trainieren auch Kader für die Segelbundesliga. Ihre Boote liegen im Yachthafen der Sportschule Warnemünde, die der Landessportbund trägt. Im Gästehaus können Gruppen und Schulklassen übernachten.

Sportschule Yachthafen Warnemünde
Am Bahnhof 3
18119 Rostock-Warnemünde
Tel.: 0381 52346 oder 52384
www.lsb-mv.de

Vereine
www.asvw.de
www.wsc1925.de
www.kuttersegelclub.de

Hafenmeister Wolfram Kummer von der Sportschule „Yachthafen Warnemünde"

Es blinkt ein einsam' Segel

Butterfly Segelservice
Am Bahnhof 3/Yachthafen Mittelmole
18119 Rostock-Warnemünde
Tel.: 0381 51345
www.butterfly-segel.de

Was wäre ein Segelboot ohne passende Segel? Keiner weiß das besser als Harald Parey, der Segelmacher vom Yachthafen Warnemünde. Schon als Junge saß er im Segelboot. 1980 begann er als Meister für Textiltechnik mit der Materialanalyse. Wie macht man Boote richtig schnell? Harald weiß es, er arbeitete schon für die Olympiakader der DDR. **Ein gutes Segel ist immer maßgeschneidert und wird vor Ort vermessen.** Heute gibt es eine Fülle von Möglichkeiten. Ein Segel kann tausend oder zwanzigtausend Euro kosten. Doch die Wenigstens kaufen immer gleich neu. Am Yachthafen fallen viele Reparaturen an und Harald kommt da kaum hinterher.

▪ Segelmacher Harald Parey

Flieg mit dem Wind!

Wenn der Wind an der See richtig auffrischt und die Wellen sich türmen, dann schlagen die Herzen der Kiter und Windsurfer höher. Ab Windstärke fünf kann man sie sehen. Warnemünde ist ein Hotspot. Hier findet nicht nur die deutsche Kitesurf-Trophy statt, hier wird man auch von den schönsten Damen gesehen. Pfeilschnell schießen sie am Ufer entlang, lassen sich tragen von den Wellen. *Schlottern die Damen dann vor Kälte am Strand, beginnt bei ihnen erst das Vergnügen.* Reinschnuppern kann jeder, es gibt ein großes Angebot an Kursen und Workshops, auch bei Privattrainern: Kite- und Windsurfen, Wellenreiten oder Stand Up Paddeln.

Kite- und Windsurfen (Auswahl)
www.beach23.de
www.supremesurf.de
www.hw-shapes.de
www.strandresort-ostsee.de
www.baltic-windsport.de
www.kitesurf-trophy.de

Kiten geht nur bei ordentlichen Wellen

Im Zeichen des Drachens

Mitpaddeln
www.sv-breitling.de
www.rostockerseebären.de
www.kanufreunde.de
www.lt-club.de

Sie sind die Lieblinge der „Warnemünder Woche", die pfeilschnellen Drachenboote. Nichts fasziniert die Zuschauer so wie dieser lautstarke Mannschaftssport. Rund zweitausend Teilnehmer starten an zwei Tagen auf dem Alten Strom. Die Ufer sind gesäumt von Schaulustigen und die dürfen selbst mal zum Paddel greifen. **Der Drachenbootsport erfreut sich in Rostock großer Beliebtheit.** Es gibt mehrere Vereine. In Warnemünde startet man in der Mixed Class, Frauen und Männer. Die Boote sind 12,5 Meter lang. Wenn alle 22 Personen im Boot sitzen, wiegt es fast zwei Tonnen. Wichtig ist auch ein guter Trommler, der die Mannschaft richtig anheizt.

■ Die Trommlerinnen heizen den Ruderern ordentlich ein

Ein neues Wohnquartier

85

„Ein Platz zu schön um zu parken!" ist das Motto der Wiro, der Wohnungsgesellschaft Rostock, welche die nördliche Mittelmole gekauft hat und hier gern bauen will. Tatsache ist, dass es in Warnemünde immer weniger Wohnungen gibt, weil viele der kleinen Giebelhäuschen inzwischen in Pensionen und Ferienwohnungen umgewandelt wurden. **Vor zwanzig Jahren wohnten hier noch ganz normale Menschen.** Doch die Einwohnerzahl von Warnemünde ist geschrumpft. Gleichzeitig wollen moderne Unternehmen junge, hoch qualifizierte Mitarbeiter gewinnen, doch denen kann man keinen attraktiven Wohnraum bieten. Also wird die Mittelmole bebaut.

WIRO Wohnen in Rostock
Lange Straße 38
18055 Rostock
Tel.: 0381 45670
www.wiro.de

Die neu gestaltete Mittelmole, bald werden hier Wohnungen stehen

86 Fischbrötchen

Futter Kutter
Alter Strom, Liegeplatz 13
18119 Rostock-Warnemünde

An der Westseite des Alten Stroms liegen nicht nur die Ausflugsdampfer, sondern auch Fischkutter, die zu kleinen Imbissen umgebaut wurden. Im Unterschied zum Fischmarkt gibt es aber keinen frischen Frisch für die Pfanne, sondern alles zum Sofortverzehr. Einer von ihnen nennt sich der „Futter Kutter". **Hier gibt es Fischbrötchen satt und die Bedienung ist freundlich.** Brötchen mit Brathering, Matjes, Aal oder Nordseekrabben, rund 16 verschiedene Sorten sind im Angebot. Dazu gibt es leckeren Back- und Räucherfisch sowie Fisch im Eimer wie den Bismarckhering. Spezialitäten sind Fischburger, gegrillte Garnelen oder Fish & Chips.

Leckere Fischbrötchen verkauft Stefan Berthold am Futterkutter

Füttern verboten!

87

Lieblinge oder Plage? Ohne Möwen wären Strand und Urlaub nichts. In Rostock brütet vor allem die Silbermöwe. Sie kann eine Flügelspanne von bis zu 1,55 Meter erreichen und dreißig Jahren alt werden. Wenn sie aus dem Ei schlüpft, ist sie ein kleiner flauschiger Ball und recht niedlich. Dann trägt sie drei Jahre ein braunes Federkleid. **Die Möwe ist ein Allesfresser und sehr gelehrig.** Sie kann Menschen taktisch überraschen, ihnen plötzlich ein Fischbrötchen aus der Hand reißen. Seit Jahren vermehrt sie sich rasant. Darum gibt es seit 2009 ein Fütterungsverbot. Verstöße werden mit Geldbußen von bis zu 5.000 Euro geahndet. Ob das hilft?

Weitere Aufklärung unter
www.rathaus.rostock.de

Möwen wissen, wo es was zu futtern gibt

In den Meeren forschen

Leibniz-Institut für Ostseeforschung Warnemünde
Seestraße 15
18119 Rostock-Warnemünde
Tel.: 0381 51970
www.io-warnemuende.de

Warnemünde war schon immer ein Standort der Meeresforschung, von 1958 bis 1991 gab es das Institut für Meereskunde. Nachfolger wurde das 1992 gegründete Leibniz-Institut für Ostseeforschung, wo rund 200 Mitarbeiter tätig sind. Schwerpunkte sind die marine Geologie, biologische Meereskunde, Meereschemie und physikalische Ozeanographie. Besonderer Wert wird hier auf die Ausbildung gelegt. Als Forschungsschiffe stehen die „Maria S. Merian" und die „Elisabeth Mann Borgese" zur Verfügung. Beliebt bei den Urlaubern sind die „Warnemünder Abende", eine kostenlose Vortragsreihe im Sommer, die Einblick in die Arbeit der Forscher bietet.

■ Das Leibniz-Institut für Ostseeforschung liegt am Kurpark

Letzte Ruhe für Seebären

89

Der Stephan-Jantzen-Park ist ein umgestalteter Friedhof, ein beschaulicher Ort, inmitten des turbulenten Seebades. Neben den Kriegsgräberfeldern sieht man sehr interessante Einzelgräber. **Hier ruhen Kapitäne, Warmbadanstaltsbesitzer und Bootsfahrer.** Vertreten sind alle typischen Seeberufe. Namensgeber war das Familiengrab von Lotsenkommandeur und Vormann Stephan Jantzen (1827–1913). Er gilt als Vorbild der Seenotrettung, ein besonders mutiger und tapferer Mann, der fast 100 Menschen das Leben rettete. Auszeichnungen bekam er von Kaiser Wilhelm I. und dem schwedischen König. Mehr über ihn erfährt man im Heimatmuseum.

Stephan-Jantzen-Park
zwischen Strandweg, Schillerstraße und Parkstraße
18119 Rostock-Warnemünde

Das Grab von Stephan Jantzen im gleichnamigen Park

Die Magie des Laufens

Weiterlaufen
www.rostocker-citylauf.de

Die beliebteste Joggingstrecke führt westlich von Warnemünde entlang nach Stoltera. Start ist am Hotel Neptun, dann die Promenade entlang bis zum Hotel Stoltera. Hier beginnt der unbefestigte Küstenweg, erst ein bisschen sandig, direkt hinter den Dünen, dann wird es ein schöner Waldweg mit festem Boden. **Das Naturschutzgebiet Stoltera ist geprägt durch den Küstenwald auf einer bis zu zwanzig Meter hohen Steilküste.** Man läuft oben zwischen schattigen Bäumen am Küstenwald entlang und hat einen herrlichen Blick aufs Meer. Bis zum Hotel Wilhelmshöhe sind es 3,5 km, bis zum Ferienhof Ostseeland 5,7 km. Wer mag, kann am Strand zurücklaufen.

■ Die schönste Joggingstrecke führt am Meer entlang

Freikörperkultur ...

... ist auch nicht mehr das, was sie mal war! Obwohl die FKK-Strände gut gekennzeichnet sind, halten sich die Textilen nicht daran. Früher wären sie nicht weit gekommen. Bekleidete wurden sofort samt Klamotten ins Wasser geworfen. Heute legen sich Männer mit Badehose direkt neben nackte Frauen und tun kein Auge zu. Andere Textile sind so schämig, dass sie Nackedeis als unästhetisch deklarieren. Sie wollen aber partout zum „Effi", weil sie meinen, da sei der Strand besser. Lautstark regen sie sich über fremde Fettpolster auf. Vielen ist es jedoch völlig schnurz, ob nackig oder bedeckt, sie wollen nur Sonne, Strand und Meer genießen.

FKK-Strände Warnemünde
www.nacktbaden.de/652-0-rostock-warnemuende-18.html

FKK-Strand in Warnemünde West

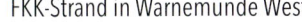

92 Badende Männer

Edvard-Munch-Haus
Am Strom 53
18119 Warnemünde
Tel.: 0381 5486608
www.edvard-munch-haus.de

In Warnemünde kommt man um Strandbilder nicht herum. So ging es auch dem Maler Edvard Munch (1863–1944), der vom Mai 1907 bis zum Oktober 1908 in einem der ältesten Fischerhäuser lebte. Zu dieser Zeit war er schon bekannt, hatte 1893 den „Schrei" gemalt und bereits den deutschen Expressionismus entscheidend beeinflusst. **In Warnemünde fühlte sich Edvard Munch recht wohl.** Der Maler war Anhänger der Freikörperkultur, malte hier das Bild „Badende Männer" und ließ sich beim Malen fotografieren. Diese Fotos hängen im Edvard-Munch-Haus, welches heute Atelier, Forum und Bühne für Künstler aus Norwegen und Deutschland ist.

■ Edvard Munch fühlte sich wohl in Warnemünde

Die Lieder der Matrosen

Als früher die Großsegler über die Weltmeere pflügten, hatten es Matrosen nicht leicht. Zur Unterstützung ihrer schweren Arbeit und um den Teamgeist zu stärken, sangen sie zusammen Lieder, Shantys genannt. Heute singen Shantychöre zu unserem Vergnügen: Seit fünfzig Jahren „De Klaashans" aus Warnemünde, seit dreißig Jahren „Luv und Lee" aus Rostock. Beide sind sehr erfolgreich und fehlen bei keinem Fest. In den Liedern geht es um Heimweh, das Meer und den Schmerz, aber auch um Rum und die Frauen. Neben Shantys trägt man auch Volkslieder vor. Wenn sie „Wo die Ostseewellen trecken" anstimmen, hat so mancher Tränen in den Augen.

www.klaashahns.de
www.shantychor-rostock.de

Der Shantychor „Luv und Lee" bei einer Portparty

94 Wasser marsch!

Faschingsclub der IHS „Die Macher" e.V.
An der Stadtautobahn 47
18109 Rostock
Tel.: 0174 9262350
www.waschzuberrennen.de

Zum Anfang der „Warnemünder Woche" findet traditionell das Waschzuberrennen statt, seit 1986 organisiert vom Faschingsclub der Ingenieurhochschule für Seefahrt. „Die Macher" bezeichnen sich selbst als liebenswerte Chaoten, anders als andere. Die teilnehmenden Fahrzeuge dürfen keine herkömmliche Bauart aufweisen. Zum Einsatz kommen außerdem Wasserspritzen, alkoholische Getränke und Pyrotechnik. Im Wettstreit geht es nicht allein um Schnelligkeit, Pluspunkte sammelt „Mann" auch für die Show. Weibliche Teilnehmer bekommen Erotikpunkte für nackte Haut. Den Abschluss bildet eine große Wasserschlacht, sehr zur Freude der Zuschauer.

„Wasser marsch!" beim Waschzuberrennen

Von Tieren lernen

95

Im Yachthafen Hohe Düne liegt seit 2008 das Forschungsschiff „Lichtenberg". Berühmtheit erlangte es 1962 als MS „Friedrich Wolf", als vier junge Familien damit nach Westberlin flüchteten. Jetzt gehört es dem Institut für Biowissenschaften der Universität Rostock. Hier forscht die Arbeitsgruppe „Sensorische und kognitive Ökologie" unter Leitung von Prof. Dehnhardt vor allem mit Robben – sehr kluge Tiere. *Sie verfolgen mithilfe ihrer Barthaare sogar die Spur eines Skateboards.* Vom Sonnendeck aus beobachten viele Besucher das tägliche Training, außerdem können Führungen, Schwimm- und Tauchgänge mit den Tieren gebucht werden.

MSC Marine Science Center
Am Yachthafen 3 a
18119 Rostock-
Hohe Düne
Tel.: 0381 50408181
www.marine-science-center.de

Robbe im Marine Science Center

96 Einmal wie Tarzan sein

Kletterwald Hohe Düne

Warnemünder Straße 20
18146 Rostock-Markgrafenheide
Tel: 0162 4109349
www.kletterwald.de
Anfang April bis Ende Oktober

Wenn Sie in Markgrafenheide Menschen von Baum zu Baum springen sehen, ist das keine optische Täuschung, sondern der Kletterwald Hohe Düne. Los geht es zunächst mit der Einweisung. Jeder bekommt ein Sicherheitsgeschirr um. Dann fängt alles ganz leicht an: Einen Meter über dem Boden auf Leitern balancieren. Das dürfen schon die Kleinen ab fünf Jahren. Bei den neun Parcours steigert sich dann der Schwierigkeitsgrad, es geht hinauf bis auf elf Meter. **Wer will, kann zweieinhalb Stunden mit Klettern, Balancieren und Springen verbringen.** Gestärkt werden Ausdauer, Kraft, Konzentration und Mut. Allerdings ist der Spaß nicht ganz billig.

Marie Pauline aus Meerbusch trainiert im Kletterwald Hohe Düne

Für einen besonderen Abend

Die „blaue boje" ist ein romantisches, ruhig gelegenes Strandrestaurant. Ob Heiratsantrag, erstes Date oder Hochzeitstag, hier gelingt alles. Oben: stilvolles Ambiente mit Panoramablick aufs Meer; unten: kleine Bar mit lauschiger Terrasse. Der Küchenchef Christopher Schiwek ist jung, aber weit gereist. Er kocht frisch, regional und ein bisschen extravagant. Neben herzhaften Steaks und Schiweks Blaubeer-Burgern gibt es viel Fisch und sehr gute Desserts. Auch wenn die Sonne längst untergegangen ist, die Fähren von Gedser zurückgefahren sind, bleibt man noch, hört das Rauschen des Meeres und die Moorfrösche aus dem nahen Hütelmoor.

Strandrestaurant „blaue boje"
Budentannenweg 10
18146 Rostock-Markgrafenheide
Tel.: 0381 77891501
www.blaue-boje.de

Chefkoch Christopher Schiwek weiß, womit er seine Gäste begeistern kann

98 Klosterküche am Münster

Doberaner Münster
Klosterstraße 2
18209 Bad Doberan
Tel.: 038203 62716
www.muenster-doberan.de

Torhaus und Klosterladen
Klosterstraße 1 a
18209 Bad Doberan
www.torhaus-doberan.de
www.tillmannhahn.de

Nur 17 Kilometer westlich von Rostock wurde 1171 im heutigen Bad Doberan das älteste Kloster Mecklenburgs gegründet. Im späten 13. Jahrhundert bauten die Zisterziensermönche eine hochgotische Kirche, das Doberaner Münster. **Die Innenausstattung ist europaweit einzigartig.** Deshalb kämpft man um die Anerkennung als UNESCO-Weltkulturerbe. Am Kloster betreiben Gourmetkoch Tillmann Hahn und seine Frau Pairat das Torhaus mit Café und Klosterladen sowie eine Klosterküche im alten Pfarrhaus. In der Schaumanufaktur werden traditionelle Klostergerichte, leckere Liköre oder Marmeladen hergestellt. Tolle Gewürzmischungen gibt es zum Mitnehmen.

■ Sternekoch Tillmann Hahn bietet Gewürze in seinem Klosterladen an

Wo schon Herzog Friedrich Franz badete

99

Den Spaziergang auf der Promenade von Heiligendamm genießen viele Rostocker gern, genauso wie die Fahrt mit der „Molli", der Dampfeisenbahn. Nirgendwo scheint das Meer so blau, vielleicht, weil die Villen so weiß sind. **1793 badete der Herzog Friedrich Franz I. das erste Mal auf Anraten seines Arztes Samuel Vogel am „Heiligen Damm".** Danach errichteten seine Baumeister dieses klassizistische Gesamtkunstwerk aus Bade- und Logierhäusern. Im Zentrum steht heute das Grandhotel mit dem Kurhaus. Hier kocht Sternekoch Ronny Siewert im Gourmetrestaurant „Friedrich Franz". An der Promenade schmeckt auch ein einfaches Eis von der Coco-Eisbar.

Grand Hotel Heiligendamm
Prof.-Dr.-Vogel-Straße 6
18209 Bad Doberan-Heiligendamm
Tel.: 038203 7400
www.grandhotel-heiligendamm.de

Coco Eismilchbar
www.coco-eismilchbar.de

Weiße Traumvillen am Meer

Dolores Kummer ist eine Berliner Journalistin, die in Mecklenburg aufwuchs. Sie ist ausgebildete Schriftsetzerin, arbeitete u. a. als Herstellerin im Kinderbuchverlag der DDR und studierte Bibliothekswissenschaften. Seit 1979 war sie Mitglied der christlichen Friedensbewegung. Nach der Wende wurde sie PR-Beraterin, absolvierte ein Fernstudium des Journalismus, etliche Zeitungspraktika. Sie schreibt vor allem Buchkritiken, Reise- und kulinarische Reportagen.

Der Verlag und die Autorin freuen sich über Ihre Hinweise:
info@mitteldeutscherverlag.de

Haftungsausschluss
Die Angaben in diesem Reiseführer wurden gewissenhaft überprüft. Für die Aktualität, Korrektheit und Vollständigkeit übernimmt die Autorin keine Haftung. Die Autorin distanziert sich aus rechtlichen Gründen von allen Inhalten der aufgeführten Internetseiten. Auf aktuelle und zukünftige Gestaltung, die Inhalte oder Urheberschaft der angeführten Internetseiten hat die Autorin keinen Einfluss.

Fotografien: Dolores Kummer

2016
© mdv Mitteldeutscher Verlag GmbH, Halle (Saale)
www.mitteldeutscherverlag.de

Alle Rechte vorbehalten.

Gesamtherstellung: Mitteldeutscher Verlag, Halle (Saale)

ISBN 978-3-95462-629-8

Printed in the EU